FRANCÊS
VOCABULÁRIO

PORTUGUÊS BRASILEIRO

PORTUGUÊS FRANCÊS

Para alargar o seu léxico e apurar
as suas competências linguísticas

5000 palavras

Vocabulário Português Brasileiro-Francês - 5000 palavras
Por Andrey Taranov

Os vocabulários da T&P Books destinam-se a ajudar a aprender, a memorizar, e a rever palavras estrangeiras. O dicionário é dividido em temas, cobrindo todas as principais esferas de atividades quotidianas, negócios, ciência, cultura, etc.

O processo de aprendizagem, utilizando os dicionários baseados em temáticas da T&P Books dá-lhe as seguintes vantagens:

- Informação de origem corretamente agrupada predetermina o sucesso em fases subsequentes da memorização de palavras
- Disponibilização de palavras derivadas da mesma raiz, o que permite a memorização de unidades de texto (em vez de palavras separadas)
- Pequenas unidades de palavras facilitam o processo de estabelecimento de vínculos associativos necessários para a consolidação do vocabulário
- O nível de conhecimento da língua pode ser estimado pelo número de palavras aprendidas

T&P Books Publishing
www.tpbooks.com

ISBN: 978-1-78767-395-3

Este livro também está disponível em formato E-book.
Por favor visite www.tpbooks.com ou as principais livrarias on-line.

VOCABULÁRIO FRANCÊS
palavras mais úteis

Os vocabulários da T&P Books destinam-se a ajudar a aprender, a memorizar, e a rever palavras estrangeiras. O vocabulário contém mais de 5000 palavras de uso comum organizadas tematicamente.

O vocabulário contém as palavras mais comummente usadas
Recomendado como adicional para qualquer curso de línguas
Satisfaz as necessidades dos iniciados e dos alunos avançados de línguas estrangeiras
Conveniente para o uso diário, sessões de revisão e atividades de auto-teste
Permite avaliar o seu vocabulário

Características especias do vocabulário

• As palavras estão organizadas de acordo com o seu significado, e não por ordem alfabética
• As palavras são apresentadas em três colunas para facilitar os processos de revisão e auto-teste
• As palavras compostas são divididas em pequenos blocos para facilitar o processo de aprendizagem
• O vocabulário oferece uma transcrição simples e adequada de cada palavra estrangeira

O vocabulário contém 155 tópicos incluindo:

Conceitos básicos, Números, Cores, Meses, Estações do ano, Unidades de medida, Roupas & Acessórios, Alimentos & Nutrição, Restaurante, Membros da Família, Parentes, Caráter, Sentimentos, Emoções, Doenças, Cidade, Passeios, Compras, Dinheiro, Casa, Lar, Escritório, Trabalho no Escritório, Importação & Exportação, Marketing, Pesquisa de Emprego, Esportes, Educação, Computador, Internet, Ferramentas, Natureza, Países, Nacionalidades e muito mais ...

TABELA DE CONTEÚDOS

GUIA DE PRONUNCIAÇÃO

Letra	Exemplo Francês	Alfabeto fonético T&P	Exemplo Português
A a	cravate	[a]	chamar
E e	mer	[ɛ]	mesquita
I i [1]	hier	[j]	Vietnã
I i [2]	musique	[i]	sinônimo
O o	porte	[o], [ɔ]	noite
U u	rue	[y]	questionar
Y y [3]	yacht	[j]	Vietnã
Y y [4]	type	[i]	sinônimo

Consoantes

B b	robe	[b]	barril
C c [5]	place	[s]	sanita
C c [6]	canard	[k]	aquilo
Ç ç	leçon	[s]	sanita
D d	disque	[d]	dentista
F f	femme	[f]	safári
G g [7]	page	[ʒ]	talvez
G g [8]	gare	[g]	gosto
H h	héros	[h]	[h] mudo
J j	jour	[ʒ]	talvez
K k	kilo	[k]	aquilo
L l	aller	[l]	libra
M m	maison	[m]	magnólia
N n	nom	[n]	natureza
P p	papier	[p]	presente
Q q	cinq	[k]	aquilo
R r	mars	[r]	[r] vibrante
S s [9]	raison	[z]	sésamo
S s [10]	sac	[s]	sanita
T t	table	[t]	tulipa
V v	verre	[v]	fava
W w	Taïwan	[w]	página web
X x [11]	expliquer	[ks]	perplexo
X x [12]	exact	[gz]	Yangtzé
X x [13]	dix	[s]	sanita

9

Letra	Exemplo Francês	Alfabeto fonético T&P	Exemplo Português
X x [14]	dixième	[z]	sésamo
Z z	zéro	[z]	sésamo

Combinações de letras

ai	faire	[ɛ]	mesquita
au	faute	[o], [oː]	noite
ay	payer	[eɪ]	seis
ei	treize	[ɛ]	mesquita
eau	eau	[o], [oː]	noite
eu	beurre	[ø]	orgulhoso
œ	œil	[ø]	orgulhoso
œu	cœur	[øː]	orgulhoso
ou	nous	[u]	bonita
oi	noir	[wa]	Taiwan
oy	voyage	[wa]	Taiwan
qu	quartier	[k]	aquilo
ch	chat	[ʃ]	mês
th	thé	[t]	tulipa
ph	photo	[f]	safári
gu [15]	guerre	[g]	gosto
ge [16]	géographie	[ʒ]	talvez
gn	ligne	[ɲ]	ninhada
on, om	maison, nom	[ɔ̃]	anaconda

Comentários

[1] antes de vogais
[2] noutras situações
[3] antes de vogais
[4] noutras situações
[5] antes de e, i, y
[6] noutras situações
[7] antes de e, i, y
[8] noutras situações
[9] entre duas vogais
[10] noutras situações
[11] na maioria dos casos
[12] raramente
[13] em dix, six, soixante
[14] em dixième, sixième
[15] antes de e, i, u
[16] antes de a, o, y

ABREVIATURAS
usadas no vocabulário

Abreviaturas do Português

adj	-	adjetivo
adv	-	advérbio
anim.	-	animado
conj.	-	conjunção
desp.	-	esporte
etc.	-	Etcetera
ex.	-	por exemplo
f	-	nome feminino
f pl	-	feminino plural
fem.	-	feminino
inanim.	-	inanimado
m	-	nome masculino
m pl	-	masculino plural
m, f	-	masculino, feminino
masc.	-	masculino
mat.	-	matemática
mil.	-	militar
pl	-	plural
prep.	-	preposição
pron.	-	pronome
sb.	-	sobre
sing.	-	singular
v aux	-	verbo auxiliar
vi	-	verbo intransitivo
vi, vt	-	verbo intransitivo, transitivo
vr	-	verbo reflexivo
vt	-	verbo transitivo

Abreviaturas do Francês

adj	-	adjetivo
adv	-	advérbio
conj	-	conjunção
etc.	-	Etcetera
f	-	nome feminino
f pl	-	feminino plural
m	-	nome masculino
m pl	-	masculino plural

m, f	-	masculino, feminino
pl	-	plural
prep	-	preposição
pron	-	pronome
v aux	-	verbo auxiliar
v imp	-	verbo impessoal
vi	-	verbo intransitivo
vi, vt	-	verbo intransitivo, transitivo
vp	-	verbo pronominal
vt	-	verbo transitivo

CONCEITOS BÁSICOS

Conceitos básicos. Parte 1

1. Pronomes

eu	je	[ʒə]
você	tu	[ty]
ele	il	[il]
ela	elle	[ɛl]
ele, ela (neutro)	ça	[sa]
nós	nous	[nu]
vocês	vous	[vu]
eles	ils	[il]
elas	elles	[ɛl]

2. Cumprimentos. Saudações. Despedidas

Oi!	Bonjour!	[bõʒur]
Olá!	Bonjour!	[bõʒur]
Bom dia!	Bonjour!	[bõʒur]
Boa tarde!	Bonjour!	[bõʒur]
Boa noite!	Bonsoir!	[bõswar]
cumprimentar (vt)	dire bonjour	[dir bõʒur]
Oi!	Salut!	[saly]
saudação (f)	salut (m)	[saly]
saudar (vt)	saluer (vt)	[salɥe]
Como você está?	Comment allez-vous?	[kɔmãtalevu]
Como vai?	Comment ça va?	[kɔmã sa va]
E aí, novidades?	Quoi de neuf?	[kwa də nœf]
Tchau! Até logo!	Au revoir!	[orəvwar]
Até breve!	À bientôt!	[a bjɛ̃to]
Adeus!	Adieu!	[adjø]
despedir-se (dizer adeus)	dire au revoir	[dir ərəvwar]
Até mais!	Salut!	[saly]
Obrigado! -a!	Merci!	[mɛrsi]
Muito obrigado! -a!	Merci beaucoup!	[mɛrsi boku]
De nada	Je vous en prie	[ʒə vuzãpri]
Não tem de quê	Il n'y a pas de quoi	[il njapa də kwa]
Não foi nada!	Pas de quoi	[pɑ də kwa]
Desculpa!	Excuse-moi!	[ɛkskyz mwa]
Desculpe!	Excusez-moi!	[ɛkskyze mwa]

desculpar (vt)	excuser (vt)	[εkskyze]
desculpar-se (vr)	s'excuser (vp)	[sεkskyze]
Me desculpe	Mes excuses	[me zεkskyz]
Desculpe!	Pardonnez-moi!	[pardɔne mwa]
perdoar (vt)	pardonner (vt)	[pardɔne]
Não faz mal	C'est pas grave	[sepagrav]
por favor	s'il vous plaît	[silvuple]
Não se esqueça!	N'oubliez pas!	[nublije pɑ]
Com certeza!	Bien sûr!	[bjɛ̃ syːr]
Claro que não!	Bien sûr que non!	[bjɛ̃ syr kə nɔ̃]
Está bem! De acordo!	D'accord!	[dakɔr]
Chega!	Ça suffit!	[sa syfi]

3. Como se dirigir a alguém

senhor	monsieur	[məsjø]
senhora	madame	[madam]
senhorita	mademoiselle	[madmwazεl]
jovem	jeune homme	[ʒœn ɔm]
menino	petit garçon	[pti garsɔ̃]
menina	petite fille	[ptit fij]

4. Números cardinais. Parte 1

zero	zéro	[zero]
um	un	[œ̃]
dois	deux	[dø]
três	trois	[trwa]
quatro	quatre	[katr]
cinco	cinq	[sɛ̃k]
seis	six	[sis]
sete	sept	[sεt]
oito	huit	[ɥit]
nove	neuf	[nœf]
dez	dix	[dis]
onze	onze	[ɔ̃z]
doze	douze	[duz]
treze	treize	[trεz]
catorze	quatorze	[katɔrz]
quinze	quinze	[kɛ̃z]
dezesseis	seize	[sεz]
dezessete	dix-sept	[disεt]
dezoito	dix-huit	[dizɥit]
dezenove	dix-neuf	[diznœf]
vinte	vingt	[vɛ̃]
vinte e um	vingt et un	[vɛ̃teœ̃]
vinte e dois	vingt-deux	[vɛ̃tdø]

vinte e três	vingt-trois	[vɛ̃trwa]
trinta	trente	[trɑ̃t]
trinta e um	trente et un	[trɑ̃teœ̃]
trinta e dois	trente-deux	[trɑ̃t dø]
trinta e três	trente-trois	[trɑ̃t trwa]
quarenta	quarante	[karɑ̃t]
quarenta e um	quarante et un	[karɑ̃teœ̃]
quarenta e dois	quarante-deux	[karɑ̃t dø]
quarenta e três	quarante-trois	[karɑ̃t trwa]
cinquenta	cinquante	[sɛ̃kɑ̃t]
cinquenta e um	cinquante et un	[sɛ̃kɑ̃teœ̃]
cinquenta e dois	cinquante-deux	[sɛ̃kɑ̃t dø]
cinquenta e três	cinquante-trois	[sɛ̃kɑ̃t trwa]
sessenta	soixante	[swasɑ̃t]
sessenta e um	soixante et un	[swasɑ̃teœ̃]
sessenta e dois	soixante-deux	[swasɑ̃t dø]
sessenta e três	soixante-trois	[swasɑ̃t trwa]
setenta	soixante-dix	[swasɑ̃tdis]
setenta e um	soixante et onze	[swasɑ̃te ɔ̃z]
setenta e dois	soixante-douze	[swasɑ̃t duz]
setenta e três	soixante-treize	[swasɑ̃t trɛz]
oitenta	quatre-vingts	[katrəvɛ̃]
oitenta e um	quatre-vingt et un	[katrəvɛ̃teœ̃]
oitenta e dois	quatre-vingt deux	[katrəvɛ̃ dø]
oitenta e três	quatre-vingt trois	[katrəvɛ̃ trwa]
noventa	quatre-vingt-dix	[katrəvɛ̃dis]
noventa e um	quatre-vingt et onze	[katrəvɛ̃ teɔ̃z]
noventa e dois	quatre-vingt-douze	[katrəvɛ̃ duz]
noventa e três	quatre-vingt-treize	[katrəvɛ̃ trɛz]

5. Números cardinais. Parte 2

cem	cent	[sɑ̃]
duzentos	deux cents	[dø sɑ̃]
trezentos	trois cents	[trwa sɑ̃]
quatrocentos	quatre cents	[katr sɑ̃]
quinhentos	cinq cents	[sɛ̃k sɑ̃]
seiscentos	six cents	[si sɑ̃]
setecentos	sept cents	[sɛt sɑ̃]
oitocentos	huit cents	[ɥi sɑ̃]
novecentos	neuf cents	[nœf sɑ̃]
mil	mille	[mil]
dois mil	deux mille	[dø mil]
três mil	trois mille	[trwa mil]
dez mil	dix mille	[di mil]
cem mil	cent mille	[sɑ̃ mil]

| um milhão | million (m) | [miljɔ̃] |
| um bilhão | milliard (m) | [miljar] |

6. Números ordinais

primeiro (adj)	premier (adj)	[prəmje]
segundo (adj)	deuxième (adj)	[døzjɛm]
terceiro (adj)	troisième (adj)	[trwazjɛm]
quarto (adj)	quatrième (adj)	[katrijɛm]
quinto (adj)	cinquième (adj)	[sɛ̃kjɛm]

sexto (adj)	sixième (adj)	[sizjɛm]
sétimo (adj)	septième (adj)	[sɛtjɛm]
oitavo (adj)	huitième (adj)	[ɥitjɛm]
nono (adj)	neuvième (adj)	[nœvjɛm]
décimo (adj)	dixième (adj)	[dizjɛm]

7. Números. Frações

fração (f)	fraction (f)	[fraksjɔ̃]
um meio	un demi	[œ̃ dəmi]
um terço	un tiers	[œ̃ tjɛr]
um quarto	un quart	[œ̃ kar]

um oitavo	un huitième	[œn ɥitjɛm]
um décimo	un dixième	[œ̃ dizjɛm]
dois terços	deux tiers	[dø tjɛr]
três quartos	trois quarts	[trwa kar]

8. Números. Operações básicas

subtração (f)	soustraction (f)	[sustraksjɔ̃]
subtrair (vi, vt)	soustraire (vt)	[sustrɛr]
divisão (f)	division (f)	[divizjɔ̃]
dividir (vt)	diviser (vt)	[divize]

adição (f)	addition (f)	[adisjɔ̃]
somar (vt)	additionner (vt)	[adisjɔne]
adicionar (vt)	additionner (vt)	[adisjɔne]
multiplicação (f)	multiplication (f)	[myltiplikasjɔ̃]
multiplicar (vt)	multiplier (vt)	[myltiplije]

9. Números. Diversos

algarismo, dígito (m)	chiffre (m)	[ʃifr]
número (m)	nombre (m)	[nɔ̃br]
numeral (m)	adjectif (m) numéral	[adʒɛktif nymeral]
menos (m)	moins (m)	[mwɛ̃]

mais (m)	plus (m)	[ply]
fórmula (f)	formule (f)	[fɔrmyl]

cálculo (m)	calcul (m)	[kalkyl]
contar (vt)	compter (vt)	[kɔ̃te]
calcular (vt)	calculer (vt)	[kalkyle]
comparar (vt)	comparer (vt)	[kɔ̃pare]

Quanto, -os, -as?	Combien?	[kɔ̃bjɛ̃]
soma (f)	somme (f)	[sɔm]
resultado (m)	résultat (m)	[rezylta]
resto (m)	reste (m)	[rɛst]

alguns, algumas ...	quelques ...	[kɛlkə]
pouco (~ tempo)	peu de ...	[pø də]
resto (m)	reste (m)	[rɛst]
um e meio	un et demi	[œne dəmi]
dúzia (f)	douzaine (f)	[duzɛn]

ao meio	en deux	[ɑ̃ dø]
em partes iguais	en parties égales	[ɑ̃ parti egal]
metade (f)	moitié (f)	[mwatje]
vez (f)	fois (f)	[fwa]

10. Os verbos mais importantes. Parte 1

abrir (vt)	ouvrir (vt)	[uvrir]
acabar, terminar (vt)	finir (vt)	[finir]
aconselhar (vt)	conseiller (vt)	[kɔ̃seje]
adivinhar (vt)	deviner (vt)	[dəvine]
advertir (vt)	avertir (vt)	[avɛrtir]

ajudar (vt)	aider (vt)	[ede]
almoçar (vi)	déjeuner (vi)	[deʒœne]
alugar (~ um apartamento)	louer (vt)	[lwe]
amar (pessoa)	aimer (vt)	[eme]
ameaçar (vt)	menacer (vt)	[mənase]

anotar (escrever)	prendre en note	[prɑ̃dr ɑ̃ nɔt]
apressar-se (vr)	être pressé	[ɛtr prese]
arrepender-se (vr)	regretter (vt)	[rəgrɛte]
assinar (vt)	signer (vt)	[siɲe]
brincar (vi)	plaisanter (vi)	[plɛzɑ̃te]

brincar, jogar (vi, vt)	jouer (vt)	[ʒwe]
buscar (vt)	chercher (vt)	[ʃɛrʃe]
caçar (vi)	chasser (vi, vt)	[ʃase]
cair (vi)	tomber (vi)	[tɔ̃be]
cavar (vt)	creuser (vt)	[krøze]
chamar (~ por socorro)	appeler (vt)	[aple]

chegar (vi)	venir (vi)	[vənir]
chorar (vi)	pleurer (vi)	[plœre]
começar (vt)	commencer (vt)	[kɔmɑ̃se]

comparar (vt)	comparer (vt)	[kɔ̃pare]
concordar (dizer "sim")	être d'accord	[ɛtr dakɔr]
confiar (vt)	avoir confiance	[avwar kɔ̃fjɑ̃s]
confundir (equivocar-se)	confondre (vt)	[kɔ̃fɔ̃dr]
conhecer (vt)	connaître (vt)	[kɔnɛtr]
contar (fazer contas)	compter (vi, vt)	[kɔ̃te]
contar com ...	compter sur ...	[kɔ̃te syr]
continuar (vt)	continuer (vt)	[kɔ̃tinɥe]
controlar (vt)	contrôler (vt)	[kɔ̃trole]
convidar (vt)	inviter (vt)	[ɛ̃vite]
correr (vi)	courir (vt)	[kurir]
criar (vt)	créer (vt)	[kree]
custar (vt)	coûter (vt)	[kute]

11. Os verbos mais importantes. Parte 2

dar (vt)	donner (vt)	[dɔne]
dar uma dica	donner un indice	[dɔne ynɛ̃dis]
decorar (enfeitar)	décorer (vt)	[dekɔre]
defender (vt)	défendre (vt)	[defɑ̃dr]
deixar cair (vt)	faire tomber	[fɛr tɔ̃be]
descer (para baixo)	descendre (vi)	[desɑ̃dr]
desculpar (vt)	excuser (vt)	[ɛkskyze]
desculpar-se (vr)	s'excuser (vp)	[sɛkskyze]
dirigir (~ uma empresa)	diriger (vt)	[diriʒe]
discutir (notícias, etc.)	discuter (vt)	[diskyte]
disparar, atirar (vi)	tirer (vi)	[tire]
dizer (vt)	dire (vt)	[dir]
duvidar (vt)	douter (vt)	[dute]
encontrar (achar)	trouver (vt)	[truve]
enganar (vt)	tromper (vt)	[trɔ̃pe]
entender (vt)	comprendre (vt)	[kɔ̃prɑ̃dr]
entrar (na sala, etc.)	entrer (vi)	[ɑ̃tre]
enviar (uma carta)	envoyer (vt)	[ɑ̃vwaje]
errar (enganar-se)	se tromper (vp)	[sə trɔ̃pe]
escolher (vt)	choisir (vt)	[ʃwazir]
esconder (vt)	cacher (vt)	[kaʃe]
escrever (vt)	écrire (vt)	[ekrir]
esperar (aguardar)	attendre (vt)	[atɑ̃dr]
esperar (ter esperança)	espérer (vi)	[ɛspere]
esquecer (vt)	oublier (vt)	[ublije]
estudar (vt)	étudier (vt)	[etydje]
exigir (vt)	exiger (vt)	[ɛgziʒe]
existir (vi)	exister (vi)	[ɛgziste]
explicar (vt)	expliquer (vt)	[ɛksplike]
falar (vi)	parler (vi, vt)	[parle]
faltar (a la escuela, etc.)	manquer (vt)	[mɑ̃ke]

fazer (vt)	faire (vt)	[fɛr]
ficar em silêncio	rester silencieux	[rɛste silɑ̃sjø]
gabar-se (vr)	se vanter (vp)	[sə vɑ̃te]
gostar (apreciar)	plaire (vt)	[plɛr]
gritar (vi)	crier (vi)	[krije]
guardar (fotos, etc.)	garder (vt)	[garde]
informar (vt)	informer (vt)	[ɛ̃fɔrme]
insistir (vi)	insister (vi)	[ɛ̃siste]
insultar (vt)	insulter (vt)	[ɛ̃sylte]
interessar-se (vr)	s'intéresser (vp)	[sɛ̃terese]
ir (a pé)	aller (vi)	[ale]
ir nadar	se baigner (vp)	[sə beɲe]
jantar (vi)	dîner (vi)	[dine]

12. Os verbos mais importantes. Parte 3

ler (vt)	lire (vi, vt)	[lir]
libertar, liberar (vt)	libérer (vt)	[libere]
matar (vt)	tuer (vt)	[tɥe]
mencionar (vt)	mentionner (vt)	[mɑ̃sjɔne]
mostrar (vt)	montrer (vt)	[mɔ̃tre]
mudar (modificar)	changer (vt)	[ʃɑ̃ʒe]
nadar (vi)	nager (vi)	[naʒe]
negar-se a … (vr)	se refuser (vp)	[sə rəfyze]
objetar (vt)	objecter (vt)	[ɔbʒɛkte]
observar (vt)	observer (vt)	[ɔpsɛrve]
ordenar (mil.)	ordonner (vt)	[ɔrdɔne]
ouvir (vt)	entendre (vt)	[ɑ̃tɑ̃dr]
pagar (vt)	payer (vi, vt)	[peje]
parar (vi)	s'arrêter (vp)	[sarete]
parar, cessar (vt)	cesser (vt)	[sese]
participar (vi)	participer à …	[partisipe a]
pedir (comida, etc.)	commander (vt)	[kɔmɑ̃de]
pedir (um favor, etc.)	demander (vt)	[dəmɑ̃de]
pegar (tomar)	prendre (vt)	[prɑ̃dr]
pegar (uma bola)	attraper (vt)	[atrape]
pensar (vi, vt)	penser (vi, vt)	[pɑ̃se]
perceber (ver)	apercevoir (vt)	[apɛrsəvwar]
perdoar (vt)	pardonner (vt)	[pardɔne]
perguntar (vt)	demander (vt)	[dəmɑ̃de]
permitir (vt)	permettre (vt)	[pɛrmɛtr]
pertencer a … (vi)	appartenir à …	[apartənir a]
planejar (vt)	planifier (vt)	[planifje]
poder (~ fazer algo)	pouvoir (v aux)	[puvwar]
possuir (uma casa, etc.)	posséder (vt)	[pɔsede]
preferir (vt)	préférer (vt)	[prefere]
preparar (vt)	préparer (vt)	[prepare]

prever (vt)	prévoir (vt)	[prevwar]
prometer (vt)	promettre (vt)	[prɔmɛtr]
pronunciar (vt)	prononcer (vt)	[prɔnɔ̃se]

propor (vt)	proposer (vt)	[prɔpoze]
punir (castigar)	punir (vt)	[pynir]
quebrar (vt)	casser (vt)	[kase]
queixar-se de ...	se plaindre (vp)	[sə plɛ̃dr]
querer (desejar)	vouloir (vt)	[vulwar]

13. Os verbos mais importantes. Parte 4

ralhar, repreender (vt)	gronder (vt), réprimander (vt)	[grɔ̃de], [reprimɑ̃de]
recomendar (vt)	recommander (vt)	[rəkɔmɑ̃de]
repetir (dizer outra vez)	répéter (vt)	[repete]
reservar (~ um quarto)	réserver (vt)	[rezɛrve]
responder (vt)	répondre (vi, vt)	[repɔ̃dr]

rezar, orar (vi)	prier (vt)	[prije]
rir (vi)	rire (vi)	[rir]
roubar (vt)	voler (vt)	[vɔle]
saber (vt)	savoir (vt)	[savwar]
sair (~ de casa)	sortir (vi)	[sɔrtir]

salvar (resgatar)	sauver (vt)	[sove]
seguir (~ alguém)	suivre (vt)	[sɥivr]

sentar-se (vr)	s'asseoir (vp)	[saswar]
ser necessário	être nécessaire	[ɛtr nesesɛr]

ser, estar	être (vi)	[ɛtr]
significar (vt)	signifier (vt)	[siɲifje]
sorrir (vi)	sourire (vi)	[surir]

subestimar (vt)	sous-estimer (vt)	[suzɛstime]
surpreender-se (vr)	s'étonner (vp)	[setɔne]

tentar (~ fazer)	essayer (vt)	[eseje]
ter (vt)	avoir (vt)	[avwar]
ter fome	avoir faim	[avwar fɛ̃]

ter medo	avoir peur	[avwar pœr]
ter sede	avoir soif	[avwar swaf]
tocar (com as mãos)	toucher (vt)	[tuʃe]
tomar café da manhã	prendre le petit déjeuner	[prɑ̃dr ləpti deʒœne]

trabalhar (vi)	travailler (vi)	[travaje]
traduzir (vt)	traduire (vt)	[tradɥir]

unir (vt)	réunir (vt)	[reynir]
vender (vt)	vendre (vt)	[vɑ̃dr]
ver (vt)	voir (vt)	[vwar]
virar (~ para a direita)	tourner (vi)	[turne]
voar (vi)	voler (vi)	[vɔle]

14. Cores

cor (f)	couleur (f)	[kulœr]
tom (m)	teinte (f)	[tɛ̃t]
tonalidade (m)	ton (m)	[tɔ̃]
arco-íris (m)	arc-en-ciel (m)	[arkɑ̃sjɛl]

branco (adj)	blanc (adj)	[blɑ̃]
preto (adj)	noir (adj)	[nwar]
cinza (adj)	gris (adj)	[gri]

verde (adj)	vert (adj)	[vɛr]
amarelo (adj)	jaune (adj)	[ʒon]
vermelho (adj)	rouge (adj)	[ruʒ]

azul (adj)	bleu (adj)	[blø]
azul claro (adj)	bleu clair (adj)	[blø klɛr]
rosa (adj)	rose (adj)	[roz]
laranja (adj)	orange (adj)	[ɔrɑ̃ʒ]
violeta (adj)	violet (adj)	[vjɔlɛ]
marrom (adj)	brun (adj)	[brœ̃]

dourado (adj)	d'or (adj)	[dɔr]
prateado (adj)	argenté (adj)	[arʒɑ̃te]

bege (adj)	beige (adj)	[bɛʒ]
creme (adj)	crème (adj)	[krɛm]
turquesa (adj)	turquoise (adj)	[tyrkwaz]
vermelho cereja (adj)	rouge cerise (adj)	[ruʒ səriz]
lilás (adj)	lilas (adj)	[lila]
carmim (adj)	framboise (adj)	[frɑ̃bwaz]

claro (adj)	clair (adj)	[klɛr]
escuro (adj)	foncé (adj)	[fɔ̃se]
vivo (adj)	vif (adj)	[vif]

de cor	de couleur (adj)	[də kulœr]
a cores	en couleurs (adj)	[ɑ̃ kulœr]
preto e branco (adj)	noir et blanc (adj)	[nwar e blɑ̃]
unicolor (de uma só cor)	unicolore (adj)	[ynikɔlɔr]
multicolor (adj)	multicolore (adj)	[myltikɔlɔr]

15. Questões

Quem?	Qui?	[ki]
O que?	Quoi?	[kwa]
Onde?	Où?	[u]
Para onde?	Où?	[u]
De onde?	D'où?	[du]
Quando?	Quand?	[kɑ̃]
Para quê?	Pourquoi?	[purkwa]
Por quê?	Pourquoi?	[purkwa]
Para quê?	À quoi bon?	[ɑ kwa bɔ̃]

Como?	Comment?	[kɔmã]
Qual (~ é o problema?)	Quel?	[kɛl]
Qual (~ deles?)	Lequel?	[ləkɛl]

A quem?	À qui?	[a ki]
De quem?	De qui?	[də ki]
Do quê?	De quoi?	[də kwa]
Com quem?	Avec qui?	[avɛk ki]

| Quanto, -os, -as? | Combien? | [kõbjɛ̃] |
| De quem? (masc.) | À qui? | [a ki] |

16. Preposições

com (prep.)	avec ... (prep)	[avɛk]
sem (prep.)	sans ... (prep)	[sã]
a, para (exprime lugar)	à ... (prep)	[a]
sobre (ex. falar ~)	de ... (prep)	[də]
antes de ...	avant ... (prep)	[avã]
em frente de ...	devant ... (prep)	[dəvã]

debaixo de ...	sous ... (prep)	[su]
sobre (em cima de)	au-dessus de ... (prep)	[odsy də]
em ..., sobre ...	sur ... (prep)	[syr]
de, do (sou ~ Rio de Janeiro)	de ... (prep)	[də]
de (feito ~ pedra)	en ... (prep)	[ã]

| em (~ 3 dias) | dans ... (prep) | [dã] |
| por cima de ... | par dessus ... (prep) | [par dəsy] |

17. Palavras funcionais. Advérbios. Parte 1

Onde?	Où?	[u]
aqui	ici (adv)	[isi]
lá, ali	là-bas (adv)	[laba]

| em algum lugar | quelque part (adv) | [kɛlkə par] |
| em lugar nenhum | nulle part (adv) | [nyl par] |

| perto de ... | près de ... (prep) | [prɛ də] |
| perto da janela | près de la fenêtre | [prɛdə la fənɛtr] |

Para onde?	Où?	[u]
aqui	ici (adv)	[isi]
para lá	là-bas (adv)	[laba]
daqui	d'ici (adv)	[disi]
de lá, dali	de là-bas (adv)	[də laba]

perto	près (adv)	[prɛ]
longe	loin (adv)	[lwɛ̃]
perto de ...	près de ...	[prɛ də]
à mão, perto	tout près (adv)	[tu prɛ]

não fica longe	pas loin (adv)	[pɑ lwɛ̃]
esquerdo (adj)	gauche (adj)	[goʃ]
à esquerda	à gauche (adv)	[agoʃ]
para a esquerda	à gauche (adv)	[agoʃ]

direito (adj)	droit (adj)	[drwa]
à direita	à droite (adv)	[adrwat]
para a direita	à droite (adv)	[adrwat]

em frente	devant (adv)	[dəvɑ̃]
da frente	de devant (adj)	[də dəvɑ̃]
adiante (para a frente)	en avant (adv)	[an avɑ̃]

atrás de …	derrière (adv)	[dɛrjɛr]
de trás	par derrière (adv)	[par dɛrjɛr]
para trás	en arrière (adv)	[an arjɛr]

| meio (m), metade (f) | milieu (m) | [miljø] |
| no meio | au milieu (adv) | [omiljø] |

do lado	de côté (adv)	[də kote]
em todo lugar	partout (adv)	[partu]
por todos os lados	autour (adv)	[otur]

de dentro	de l'intérieur	[də lɛ̃terjœr]
para algum lugar	quelque part (adv)	[kɛlkə par]
diretamente	tout droit (adv)	[tu drwa]
de volta	en arrière (adv)	[an arjɛr]

| de algum lugar | de quelque part | [də kɛlkə par] |
| de algum lugar | de quelque part | [də kɛlkə par] |

em primeiro lugar	premièrement (adv)	[prəmjɛrmɑ̃]
em segundo lugar	deuxièmement (adv)	[døzjɛmmɑ̃]
em terceiro lugar	troisièmement (adv)	[trwazjɛmmɑ̃]

de repente	soudain (adv)	[sudɛ̃]
no início	au début (adv)	[odeby]
pela primeira vez	pour la première fois	[pur la prəmjɛr fwa]
muito antes de …	bien avant …	[bjɛn avɑ̃]
de novo	de nouveau (adv)	[də nuvo]
para sempre	pour toujours (adv)	[pur tuʒur]

nunca	jamais (adv)	[ʒamɛ]
de novo	de nouveau, encore (adv)	[də nuvo], [ɑ̃kɔr]
agora	maintenant (adv)	[mɛ̃tnɑ̃]
frequentemente	souvent (adv)	[suvɑ̃]
então	alors (adv)	[alɔr]
urgentemente	d'urgence (adv)	[dyrʒɑ̃s]
normalmente	d'habitude (adv)	[dabityd]

a propósito, …	à propos, …	[apropo]
é possível	c'est possible	[sepɔsibl]
provavelmente	probablement (adv)	[prɔbabləmɑ̃]
talvez	peut-être (adv)	[pøtɛtr]
além disso, …	en plus, …	[ɑ̃plys]

por isso ...	c'est pourquoi ...	[se purkwa]
apesar de ...	malgré ...	[malgrɛ]
graças a ...	grâce à ...	[gras ɑ]

que (pron.)	quoi (pron)	[kwa]
que (conj.)	que (conj)	[kə]
algo	quelque chose (pron)	[kɛlkə ʃoz]
alguma coisa	quelque chose (pron)	[kɛlkə ʃoz]
nada	rien	[rjɛ̃]

quem	qui (pron)	[ki]
alguém (~ que ...)	quelqu'un (pron)	[kɛlkœ̃]
alguém (com ~)	quelqu'un (pron)	[kɛlkœ̃]

ninguém	personne (pron)	[pɛrsɔn]
para lugar nenhum	nulle part (adv)	[nyl par]
de ninguém	de personne	[də pɛrsɔn]
de alguém	de n'importe qui	[də nɛ̃pɔrt ki]

tão	comme ça (adv)	[kɔmsa]
também (gostaria ~ de ...)	également (adv)	[egalmɑ̃]
também (~ eu)	aussi (adv)	[osi]

18. Palavras funcionais. Advérbios. Parte 2

Por quê?	Pourquoi?	[purkwa]
por alguma razão	pour une certaine raison	[pur yn sɛrtɛn rɛzɔ̃]
porque ...	parce que ...	[parskə]
por qualquer razão	pour une raison quelconque	[pur yn rɛzɔ̃ kɛlkɔ̃k]

e (tu ~ eu)	et (conj)	[e]
ou (ser ~ não ser)	ou (conj)	[u]
mas (porém)	mais (conj)	[mɛ]
para (~ a minha mãe)	pour ... (prep)	[pur]

muito, demais	trop (adv)	[tro]
só, somente	seulement (adv)	[sœlmɑ̃]
exatamente	précisément (adv)	[presizemɑ̃]
cerca de (~ 10 kg)	près de ... (prep)	[prɛ də]

aproximadamente	approximativement	[aprɔksimativmɑ̃]
aproximado (adj)	approximatif (adj)	[aprɔksimatif]
quase	presque (adv)	[prɛsk]
resto (m)	reste (m)	[rɛst]

o outro (segundo)	l'autre (adj)	[lotr]
outro (adj)	autre (adj)	[otr]
cada (adj)	chaque (adj)	[ʃak]
qualquer (adj)	n'importe quel (adj)	[nɛ̃pɔrt kɛl]
muito, muitos, muitas	beaucoup (adv)	[boku]
muitas pessoas	beaucoup de gens	[boku də ʒɑ̃]
todos	tous	[tus]
em troca de ...	en échange de ...	[ɑn eʃɑʒ də ...]

em troca	en échange (adv)	[ɑn eʃɑ̃ʒ]
à mão	à la main (adv)	[ɑlamɛ̃]
pouco provável	peu probable	[pø prɔbabl]

provavelmente	probablement (adv)	[prɔbabləmɑ̃]
de propósito	exprès (adv)	[ɛksprɛ]
por acidente	par accident (adv)	[par aksidɑ̃]

muito	très (adv)	[trɛ]
por exemplo	par exemple (adv)	[par ɛgzɑ̃p]
entre	entre ... (prep)	[ɑ̃tr]
entre (no meio de)	parmi ... (prep)	[parmi]
tanto	autant (adv)	[otɑ̃]
especialmente	surtout (adv)	[syrtu]

Conceitos básicos. Parte 2

19. Dias da semana

segunda-feira (f)	**lundi** (m)	[lœ̃di]
terça-feira (f)	**mardi** (m)	[mardi]
quarta-feira (f)	**mercredi** (m)	[mɛrkrədi]
quinta-feira (f)	**jeudi** (m)	[ʒødi]
sexta-feira (f)	**vendredi** (m)	[vɑ̃drədi]
sábado (m)	**samedi** (m)	[samdi]
domingo (m)	**dimanche** (m)	[dimɑ̃ʃ]
hoje	**aujourd'hui** (adv)	[oʒurdɥi]
amanhã	**demain** (adv)	[dəmɛ̃]
depois de amanhã	**après-demain** (adv)	[aprɛdmɛ̃]
ontem	**hier** (adv)	[ijɛr]
anteontem	**avant-hier** (adv)	[avɑ̃tjɛr]
dia (m)	**jour** (m)	[ʒur]
dia (m) de trabalho	**jour** (m) **ouvrable**	[ʒur uvrabl]
feriado (m)	**jour** (m) **férié**	[ʒur ferje]
dia (m) de folga	**jour** (m) **de repos**	[ʒur də rəpo]
fim (m) de semana	**week-end** (m)	[wikɛnd]
o dia todo	**toute la journée**	[tut la ʒurne]
no dia seguinte	**le lendemain**	[lɑ̃dmɛ̃]
há dois dias	**il y a 2 jours**	[ilja də ʒur]
na véspera	**la veille**	[la vɛj]
diário (adj)	**quotidien** (adj)	[kɔtidjɛ̃]
todos os dias	**tous les jours**	[tu le ʒur]
semana (f)	**semaine** (f)	[səmɛn]
na semana passada	**la semaine dernière**	[la səmɛn dɛrnjɛr]
semana que vem	**la semaine prochaine**	[la səmɛn prɔʃɛn]
semanal (adj)	**hebdomadaire** (adj)	[ɛbdomadɛr]
toda semana	**chaque semaine**	[ʃak səmɛn]
duas vezes por semana	**2 fois par semaine**	[dø fwa par səmɛn]
toda terça-feira	**tous les mardis**	[tu le mardi]

20. Horas. Dia e noite

manhã (f)	**matin** (m)	[matɛ̃]
de manhã	**le matin**	[lə matɛ̃]
meio-dia (m)	**midi** (m)	[midi]
à tarde	**dans l'après-midi**	[dɑ̃ laprɛmidi]
tardinha (f)	**soir** (m)	[swar]
à tardinha	**le soir**	[lə swar]

noite (f)	nuit (f)	[nɥi]
à noite	la nuit	[la nɥi]
meia-noite (f)	minuit (f)	[minɥi]

segundo (m)	seconde (f)	[səgɔ̃d]
minuto (m)	minute (f)	[minyt]
hora (f)	heure (f)	[œr]
meia hora (f)	demi-heure (f)	[dəmijœr]
quarto (m) de hora	un quart d'heure	[œ̃ kar dœr]
quinze minutos	quinze minutes	[kɛ̃z minyt]
vinte e quatro horas	vingt-quatre heures	[vɛ̃tkatr œr]

nascer (m) do sol	lever (m) du soleil	[ləve dy sɔlɛj]
amanhecer (m)	aube (f)	[ob]
madrugada (f)	point (m) du jour	[pwɛ̃ dy ʒur]
pôr-do-sol (m)	coucher (m) du soleil	[kuʃe dy sɔlɛj]

de madrugada	tôt le matin	[to lə matɛ̃]
esta manhã	ce matin	[sə matɛ̃]
amanhã de manhã	demain matin	[dəmɛ̃ matɛ̃]

esta tarde	cet après-midi	[sɛt aprɛmidi]
à tarde	dans l'après-midi	[dɑ̃ laprɛmidi]
amanhã à tarde	demain après-midi	[dəmɛn aprɛmidi]

esta noite, hoje à noite	ce soir	[sə swar]
amanhã à noite	demain soir	[dəmɛ̃ swar]

às três horas em ponto	à trois heures précises	[a trwa zœr presiz]
por volta das quatro	autour de quatre heures	[otur də katr œr]
às doze	vers midi	[vɛr midi]

em vinte minutos	dans 20 minutes	[dɑ̃ vɛ̃ minyt]
em uma hora	dans une heure	[dɑ̃zyn œr]
a tempo	à temps	[a tɑ̃]

... um quarto para	... moins le quart	[mwɛ̃ lə kar]
dentro de uma hora	en une heure	[ɑnyn œr]
a cada quinze minutos	tous les quarts d'heure	[tu le kar dœr]
as vinte e quatro horas	24 heures sur 24	[vɛ̃tkatr œr syr vɛ̃tkatr]

21. Meses. Estações

janeiro (m)	janvier (m)	[ʒɑ̃vje]
fevereiro (m)	février (m)	[fevrije]
março (m)	mars (m)	[mars]
abril (m)	avril (m)	[avril]
maio (m)	mai (m)	[mɛ]
junho (m)	juin (m)	[ʒɥɛ̃]

julho (m)	juillet (m)	[ʒɥijɛ]
agosto (m)	août (m)	[ut]
setembro (m)	septembre (m)	[separemɑ̃]
outubro (m)	octobre (m)	[ɔktɔbr]

| novembro (m) | novembre (m) | [nɔvãbr] |
| dezembro (m) | décembre (m) | [desãbr] |

primavera (f)	printemps (m)	[prɛ̃tã]
na primavera	au printemps	[oprɛ̃tã]
primaveril (adj)	de printemps (adj)	[də prɛ̃tã]

verão (m)	été (m)	[ete]
no verão	en été	[ɑn ete]
de verão	d'été (adj)	[dete]

outono (m)	automne (m)	[otɔn]
no outono	en automne	[ɑn otɔn]
outonal (adj)	d'automne (adj)	[dotɔn]

inverno (m)	hiver (m)	[ivɛr]
no inverno	en hiver	[ɑn ivɛr]
de inverno	d'hiver (adj)	[divɛr]

mês (m)	mois (m)	[mwa]
este mês	ce mois	[sə mwa]
mês que vem	le mois prochain	[lə mwa prɔʃɛ̃]
no mês passado	le mois dernier	[lə mwa dɛrnje]

um mês atrás	il y a un mois	[ilja œ̃ mwa]
em um mês	dans un mois	[dãzœn mwa]
em dois meses	dans 2 mois	[dã dø mwa]
todo o mês	tout le mois	[tu lə mwa]
um mês inteiro	tout un mois	[tutœ̃ mwa]

mensal (adj)	mensuel (adj)	[mãsɥɛl]
mensalmente	mensuellement	[mãsɥɛlmã]
todo mês	chaque mois	[ʃak mwa]
duas vezes por mês	2 fois par mois	[dø fwa par mwa]

ano (m)	année (f)	[ane]
este ano	cette année	[sɛt ane]
ano que vem	l'année prochaine	[lane prɔʃɛn]
no ano passado	l'année dernière	[lane dɛrnjɛr]

há um ano	il y a un an	[ilja œnã]
em um ano	dans un an	[dãzœn ã]
dentro de dois anos	dans deux ans	[dã dø zã]
todo o ano	toute l'année	[tut lane]
um ano inteiro	toute une année	[tutyn ane]

cada ano	chaque année	[ʃak ane]
anual (adj)	annuel (adj)	[anɥɛl]
anualmente	annuellement	[anɥɛlmã]
quatro vezes por ano	quatre fois par an	[katr fwa parã]

data (~ de hoje)	date (f)	[dat]
data (ex. ~ de nascimento)	date (f)	[dat]
calendário (m)	calendrier (m)	[kalãdrije]
meio ano	six mois	[si mwa]
seis meses	semestre (m)	[səmɛstr]

| estação (f) | saison (f) | [sɛzõ] |
| século (m) | siècle (m) | [sjɛkl] |

22. Unidades de medida

peso (m)	poids (m)	[pwa]
comprimento (m)	longueur (f)	[lõgœr]
largura (f)	largeur (f)	[larʒœr]
altura (f)	hauteur (f)	[otœr]
profundidade (f)	profondeur (f)	[prɔfõdœr]
volume (m)	volume (m)	[vɔlym]
área (f)	aire (f)	[ɛr]

grama (m)	gramme (m)	[gram]
miligrama (m)	milligramme (m)	[miligram]
quilograma (m)	kilogramme (m)	[kilɔgram]
tonelada (f)	tonne (f)	[tɔn]
libra (453,6 gramas)	livre (f)	[livr]
onça (f)	once (f)	[õs]

metro (m)	mètre (m)	[mɛtr]
milímetro (m)	millimètre (m)	[milimɛtr]
centímetro (m)	centimètre (m)	[sãtimɛtr]
quilômetro (m)	kilomètre (m)	[kilɔmɛtr]
milha (f)	mille (m)	[mil]

polegada (f)	pouce (m)	[pus]
pé (304,74 mm)	pied (m)	[pje]
jarda (914,383 mm)	yard (m)	[jard]

| metro (m) quadrado | mètre (m) carré | [mɛtr kare] |
| hectare (m) | hectare (m) | [ɛktar] |

litro (m)	litre (m)	[litr]
grau (m)	degré (m)	[dəgre]
volt (m)	volt (m)	[vɔlt]
ampère (m)	ampère (m)	[ãpɛr]
cavalo (m) de potência	cheval-vapeur (m)	[ʃəvalvapœr]

quantidade (f)	quantité (f)	[kãtite]
um pouco de ...	un peu de ...	[œ̃ pø də]
metade (f)	moitié (f)	[mwatje]

| dúzia (f) | douzaine (f) | [duzɛn] |
| peça (f) | pièce (f) | [pjɛs] |

| tamanho (m), dimensão (f) | dimension (f) | [dimãsjõ] |
| escala (f) | échelle (f) | [eʃɛl] |

mínimo (adj)	minimal (adj)	[minimal]
menor, mais pequeno	le plus petit (adj)	[lə ply pəti]
médio (adj)	moyen (adj)	[mwajɛ̃]
máximo (adj)	maximal (adj)	[maksimal]
maior, mais grande	le plus grand (adj)	[lə ply grã]

23. Recipientes

pote (m) de vidro	bocal (m) en verre	[bɔkal ɑ̃ vɛr]
lata (~ de cerveja)	boîte, canette (f)	[bwat], [kanɛt]
balde (m)	seau (m)	[so]
barril (m)	tonneau (m)	[tɔno]
bacia (~ de plástico)	bassine, cuvette (f)	[basin], [kyvɛt]
tanque (m)	cuve (f)	[kyv]
cantil (m) de bolso	flasque (f)	[flask]
galão (m) de gasolina	jerrican (m)	[ʒerikan]
cisterna (f)	citerne (f)	[sitɛrn]
caneca (f)	tasse (f), mug (m)	[tɑs], [mʌg]
xícara (f)	tasse (f)	[tɑs]
pires (m)	soucoupe (f)	[sukup]
copo (m)	verre (m)	[vɛr]
taça (f) de vinho	verre (m) à vin	[vɛr ɑ vɛ̃]
panela (f)	faitout (m)	[fɛtu]
garrafa (f)	bouteille (f)	[butɛj]
gargalo (m)	goulot (m)	[gulo]
jarra (f)	carafe (f)	[karaf]
jarro (m)	pichet (m)	[piʃɛ]
recipiente (m)	récipient (m)	[resipjɑ̃]
pote (m)	pot (m)	[po]
vaso (m)	vase (m)	[vaz]
frasco (~ de perfume)	flacon (m)	[flakɔ̃]
frasquinho (m)	fiole (f)	[fjɔl]
tubo (m)	tube (m)	[tyb]
saco (ex. ~ de açúcar)	sac (m)	[sak]
sacola (~ plastica)	sac (m)	[sak]
maço (de cigarros, etc.)	paquet (m)	[pakɛ]
caixa (~ de sapatos, etc.)	boîte (f)	[bwat]
caixote (~ de madeira)	caisse (f)	[kɛs]
cesto (m)	panier (m)	[panje]

O SER HUMANO

O ser humano. O corpo

24. Cabeça

cabeça (f)	tête (f)	[tɛt]
rosto, cara (f)	visage (m)	[vizaʒ]
nariz (m)	nez (m)	[ne]
boca (f)	bouche (f)	[buʃ]
olho (m)	œil (m)	[œj]
olhos (m pl)	les yeux	[lezjø]
pupila (f)	pupille (f)	[pypij]
sobrancelha (f)	sourcil (m)	[sursi]
cílio (f)	cil (m)	[sil]
pálpebra (f)	paupière (f)	[popjɛr]
língua (f)	langue (f)	[lɑ̃g]
dente (m)	dent (f)	[dɑ̃]
lábios (m pl)	lèvres (f pl)	[lɛvr]
maçãs (f pl) do rosto	pommettes (f pl)	[pɔmɛt]
gengiva (f)	gencive (f)	[ʒɑ̃siv]
palato (m)	palais (m)	[palɛ]
narinas (f pl)	narines (f pl)	[narin]
queixo (m)	menton (f)	[mɑ̃tɔ̃]
mandíbula (f)	mâchoire (f)	[maʃwar]
bochecha (f)	joue (f)	[ʒu]
testa (f)	front (m)	[frɔ̃]
têmpora (f)	tempe (f)	[tɑ̃p]
orelha (f)	oreille (f)	[ɔrɛj]
costas (f pl) da cabeça	nuque (f)	[nyk]
pescoço (m)	cou (m)	[ku]
garganta (f)	gorge (f)	[gɔrʒ]
cabelo (m)	cheveux (m pl)	[ʃəvø]
penteado (m)	coiffure (f)	[kwafyr]
corte (m) de cabelo	coupe (f)	[kup]
peruca (f)	perruque (f)	[peryk]
bigode (m)	moustache (f)	[mustaʃ]
barba (f)	barbe (f)	[barb]
ter (~ barba, etc.)	porter (vt)	[porte]
trança (f)	tresse (f)	[trɛs]
suíças (f pl)	favoris (m pl)	[favori]
ruivo (adj)	roux (adj)	[ru]
grisalho (adj)	gris (adj)	[gri]

| careca (adj) | chauve (adj) | [ʃov] |
| calva (f) | calvitie (f) | [kalvisi] |

| rabo-de-cavalo (m) | queue (f) de cheval | [kø də ʃəval] |
| franja (f) | frange (f) | [frãʒ] |

25. Corpo humano

| mão (f) | main (f) | [mɛ̃] |
| braço (m) | bras (m) | [bra] |

dedo (m)	doigt (m)	[dwa]
dedo (m) do pé	orteil (m)	[ɔrtɛj]
polegar (m)	pouce (m)	[pus]
dedo (m) mindinho	petit doigt (m)	[pəti dwa]
unha (f)	ongle (m)	[õgl]

punho (m)	poing (m)	[pwɛ̃]
palma (f)	paume (f)	[pom]
pulso (m)	poignet (m)	[pwaɲɛ]
antebraço (m)	avant-bras (m)	[avãbra]
cotovelo (m)	coude (m)	[kud]
ombro (m)	épaule (f)	[epol]

perna (f)	jambe (f)	[ʒãb]
pé (m)	pied (m)	[pje]
joelho (m)	genou (m)	[ʒənu]
panturrilha (f)	mollet (m)	[mɔlɛ]
quadril (m)	hanche (f)	[ãʃ]
calcanhar (m)	talon (m)	[talõ]

corpo (m)	corps (m)	[kɔr]
barriga (f), ventre (m)	ventre (m)	[vãtr]
peito (m)	poitrine (f)	[pwatrin]
seio (m)	sein (m)	[sɛ̃]
lado (m)	côté (m)	[kote]
costas (dorso)	dos (m)	[do]
região (f) lombar	reins (m pl),	[rɛn],
	région (f) lombaire	[reʒjõ lõbɛr]
cintura (f)	taille (f)	[taj]

umbigo (m)	nombril (m)	[nõbril]
nádegas (f pl)	fesses (f pl)	[fɛs]
traseiro (m)	derrière (m)	[dɛrjɛr]

sinal (m), pinta (f)	grain (m) de beauté	[grɛ̃ də bote]
sinal (m) de nascença	tache (f) de vin	[taʃ də vɛ̃]
tatuagem (f)	tatouage (m)	[tatwaʒ]
cicatriz (f)	cicatrice (f)	[sikatris]

Vestuário & Acessórios

26. Roupa exterior. Casacos

roupa (f)	vêtement (m)	[vɛtmɑ̃]
roupa (f) exterior	survêtement (m)	[syrvɛtmɑ̃]
roupa (f) de inverno	vêtement (m) d'hiver	[vɛtmɑ̃ divɛr]
sobretudo (m)	manteau (m)	[mɑ̃to]
casaco (m) de pele	manteau (m) de fourrure	[mɑ̃to də furyr]
jaqueta (f) de pele	veste (f) en fourrure	[vɛst ɑ̃ furyr]
casaco (m) acolchoado	manteau (m) de duvet	[manto də dyvɛ]
casaco (m), jaqueta (f)	veste (f)	[vɛst]
impermeável (m)	imperméable (m)	[ɛ̃pɛrmeabl]
a prova d'água	imperméable (adj)	[ɛ̃pɛrmeabl]

27. Vestuário de homem & mulher

camisa (f)	chemise (f)	[ʃəmiz]
calça (f)	pantalon (m)	[pɑ̃talɔ̃]
jeans (m)	jean (m)	[dʒin]
paletó, terno (m)	veston (m)	[vɛstɔ̃]
terno (m)	complet (m)	[kɔ̃plɛ]
vestido (ex. ~ de noiva)	robe (f)	[rɔb]
saia (f)	jupe (f)	[ʒyp]
blusa (f)	chemisette (f)	[ʃəmizɛt]
casaco (m) de malha	veste (f) en laine	[vɛst ɑ̃ lɛn]
casaco, blazer (m)	jaquette (f), blazer (m)	[ʒakɛt], [blazɛr]
camiseta (f)	tee-shirt (m)	[tiʃœrt]
short (m)	short (m)	[ʃɔrt]
training (m)	costume (m) de sport	[kɔstym də spɔr]
roupão (m) de banho	peignoir (m) de bain	[pɛɲwar də bɛ̃]
pijama (m)	pyjama (m)	[piʒama]
suéter (m)	chandail (m)	[ʃɑ̃daj]
pulôver (m)	pull-over (m)	[pylɔvɛr]
colete (m)	gilet (m)	[ʒilɛ]
fraque (m)	queue-de-pie (f)	[kødpi]
smoking (m)	smoking (m)	[smɔkiŋ]
uniforme (m)	uniforme (m)	[ynifɔrm]
roupa (f) de trabalho	tenue (f) de travail	[təny də travaj]
macacão (m)	salopette (f)	[salɔpɛt]
jaleco (m), bata (f)	blouse (f)	[bluz]

28. Vestuário. Roupa interior

roupa (f) íntima	sous-vêtements (m pl)	[suvɛtmã]
cueca boxer (f)	boxer (m)	[bɔksɛr]
calcinha (f)	slip (m) de femme	[slip də fam]
camiseta (f)	maillot (m) de corps	[majo də kɔr]
meias (f pl)	chaussettes (f pl)	[ʃosɛt]
camisola (f)	chemise (f) de nuit	[ʃəmiz də nɥi]
sutiã (m)	soutien-gorge (m)	[sutjɛ̃gɔrʒ]
meias longas (f pl)	chaussettes (f pl) hautes	[ʃosɛt ot]
meias-calças (f pl)	collants (m pl)	[kɔlã]
meias (~ de nylon)	bas (m pl)	[ba]
maiô (m)	maillot (m) de bain	[majo də bɛ̃]

29. Adereços de cabeça

chapéu (m), touca (f)	chapeau (m)	[ʃapo]
chapéu (m) de feltro	chapeau (m) feutre	[ʃapo føtr]
boné (m) de beisebol	casquette (f) de base-ball	[kaskɛt də bɛzbol]
boina (~ italiana)	casquette (f)	[kaskɛt]
boina (ex. ~ basca)	béret (m)	[berɛ]
capuz (m)	capuche (f)	[kapyʃ]
chapéu panamá (m)	panama (m)	[panama]
touca (f)	bonnet (m) de laine	[bɔnɛ də lɛn]
lenço (m)	foulard (m)	[fular]
chapéu (m) feminino	chapeau (m) de femme	[ʃapo də fam]
capacete (m) de proteção	casque (m)	[kask]
bibico (m)	calot (m)	[kalo]
capacete (m)	casque (m)	[kask]
chapéu-coco (m)	melon (m)	[məlɔ̃]
cartola (f)	haut-de-forme (m)	[o də fɔrm]

30. Calçado

calçado (m)	chaussures (f pl)	[ʃosyr]
botinas (f pl), sapatos (m pl)	bottines (f pl)	[botin]
sapatos (de salto alto, etc.)	souliers (m pl)	[sulje]
botas (f pl)	bottes (f pl)	[bɔt]
pantufas (f pl)	chaussons (m pl)	[ʃosɔ̃]
tênis (~ Nike, etc.)	tennis (m pl)	[tenis]
tênis (~ Converse)	baskets (f pl)	[baskɛt]
sandálias (f pl)	sandales (f pl)	[sãdal]
sapateiro (m)	cordonnier (m)	[kɔrdɔnje]
salto (m)	talon (m)	[talɔ̃]

par (m)	paire (f)	[pɛr]
cadarço (m)	lacet (m)	[lasə]
amarrar os cadarços	lacer (vt)	[lasə]
calçadeira (f)	chausse-pied (m)	[ʃospje]
graxa (f) para calçado	cirage (m)	[siraʒ]

31. Acessórios pessoais

luva (f)	gants (m pl)	[gã]
mitenes (f pl)	moufles (f pl)	[mufl]
cachecol (m)	écharpe (f)	[eʃarp]
óculos (m pl)	lunettes (f pl)	[lynɛt]
armação (f)	monture (f)	[mõtyr]
guarda-chuva (m)	parapluie (m)	[paraplɥi]
bengala (f)	canne (f)	[kan]
escova (f) para o cabelo	brosse (f) à cheveux	[brɔs a ʃəvø]
leque (m)	éventail (m)	[evãtaj]
gravata (f)	cravate (f)	[kravat]
gravata-borboleta (f)	nœud papillon (m)	[nø papijõ]
suspensórios (m pl)	bretelles (f pl)	[brətɛl]
lenço (m)	mouchoir (m)	[muʃwar]
pente (m)	peigne (m)	[pɛɲ]
fivela (f) para cabelo	barrette (f)	[barɛt]
grampo (m)	épingle (f) à cheveux	[epɛ̃gl a ʃəvø]
fivela (f)	boucle (f)	[bukl]
cinto (m)	ceinture (f)	[sɛ̃tyr]
alça (f) de ombro	bandoulière (f)	[bãduljɛr]
bolsa (f)	sac (m)	[sak]
bolsa (feminina)	sac (m) à main	[sak a mɛ̃]
mochila (f)	sac (m) à dos	[sak a do]

32. Vestuário. Diversos

moda (f)	mode (f)	[mɔd]
na moda (adj)	à la mode (adj)	[alamɔd]
estilista (m)	couturier (m), créateur (m) de mode	[kutyrje], [kreatœr də mɔd]
colarinho (m)	col (m)	[kɔl]
bolso (m)	poche (f)	[pɔʃ]
de bolso	de poche (adj)	[də pɔʃ]
manga (f)	manche (f)	[mãʃ]
ganchinho (m)	bride (f)	[brid]
bragueta (f)	braguette (f)	[bragɛt]
zíper (m)	fermeture (f) à glissière	[fɛrmətyr a glisjɛr]
colchete (m)	agrafe (f)	[agraf]

botão (m)	bouton (m)	[butõ]
botoeira (casa de botão)	boutonnière (f)	[butɔnjɛr]
soltar-se (vr)	sauter (vi)	[sote]

costurar (vi)	coudre (vi, vt)	[kudr]
bordar (vt)	broder (vt)	[brɔde]
bordado (m)	broderie (f)	[brɔdri]
agulha (f)	aiguille (f)	[eɡɥij]
fio, linha (f)	fil (m)	[fil]
costura (f)	couture (f)	[kutyr]

sujar-se (vr)	se salir (vp)	[sə salir]
mancha (f)	tache (f)	[taʃ]
amarrotar-se (vr)	se froisser (vp)	[sə frwase]
rasgar (vt)	déchirer (vt)	[deʃire]
traça (f)	mite (f)	[mit]

33. Cuidados pessoais. Cosméticos

pasta (f) de dente	dentifrice (m)	[dɑ̃tifris]
escova (f) de dente	brosse (f) à dents	[brɔs ɑ dɑ̃]
escovar os dentes	se brosser les dents	[sə brɔse le dɑ̃]

gilete (f)	rasoir (m)	[razwar]
creme (m) de barbear	crème (f) à raser	[krɛm ɑ raze]
barbear-se (vr)	se raser (vp)	[sə raze]

| sabonete (m) | savon (m) | [savõ] |
| xampu (m) | shampooing (m) | [ʃɑ̃pwɛ̃] |

tesoura (f)	ciseaux (m pl)	[sizo]
lixa (f) de unhas	lime (f) à ongles	[lim ɑ õɡl]
corta-unhas (m)	pinces (f pl) à ongles	[pɛ̃s ɑ õɡl]
pinça (f)	pince (f)	[pɛ̃s]

cosméticos (m pl)	cosmétiques (m pl)	[kɔsmetik]
máscara (f)	masque (m) de beauté	[mask də bote]
manicure (f)	manucure (f)	[manykyr]
fazer as unhas	se faire les ongles	[sə fɛr le zõɡl]
pedicure (f)	pédicurie (f)	[pedikyri]

bolsa (f) de maquiagem	trousse (f) de toilette	[trus də twalɛt]
pó (de arroz)	poudre (f)	[pudr]
pó (m) compacto	poudrier (m)	[pudrije]
blush (m)	fard (m) à joues	[far ɑ ʒu]

perfume (m)	parfum (m)	[parfœ̃]
água-de-colônia (f)	eau (f) de toilette	[o də twalɛt]
loção (f)	lotion (f)	[losjõ]
colônia (f)	eau de Cologne (f)	[o də kɔlɔɲ]

sombra (f) de olhos	fard (m) à paupières	[far ɑ popjɛr]
delineador (m)	crayon (m) à paupières	[krɛjõ ɑ popjɛr]
máscara (f), rímel (m)	mascara (m)	[maskara]

batom (m)	rouge (m) à lèvres	[ruʒ a lɛvr]
esmalte (m)	vernis (m) à ongles	[vɛrni a õgl]
laquê (m), spray fixador (m)	laque (f) pour les cheveux	[lak pur le ʃəvø]
desodorante (m)	déodorant (m)	[deɔdɔrã]

creme (m)	crème (f)	[krɛm]
creme (m) de rosto	crème (f) pour le visage	[krɛm pur lə vizaʒ]
creme (m) de mãos	crème (f) pour les mains	[krɛm pur le mɛ̃]
creme (m) antirrugas	crème (f) anti-rides	[krɛm ãtirid]
creme (m) de dia	crème (f) de jour	[krɛm də ʒur]
creme (m) de noite	crème (f) de nuit	[krɛm də nɥi]
de dia	de jour (adj)	[də ʒur]
da noite	de nuit (adj)	[də nɥi]

absorvente (m) interno	tampon (m)	[tãpõ]
papel (m) higiênico	papier (m) de toilette	[papje də twalɛt]
secador (m) de cabelo	sèche-cheveux (m)	[sɛʃʃəvø]

34. Relógios de pulso. Relógios

relógio (m) de pulso	montre (f)	[mõtr]
mostrador (m)	cadran (m)	[kadrã]
ponteiro (m)	aiguille (f)	[egɥij]
bracelete (em aço)	bracelet (m)	[braslɛ]
bracelete (em couro)	bracelet (m)	[braslɛ]

pilha (f)	pile (f)	[pil]
acabar (vi)	être déchargé	[ɛtr deʃarʒe]
trocar a pilha	changer de pile	[ʃãʒe də pil]
estar adiantado	avancer (vi)	[avãse]
estar atrasado	retarder (vi)	[rətarde]

relógio (m) de parede	pendule (f)	[pãdyl]
ampulheta (f)	sablier (m)	[sablije]
relógio (m) de sol	cadran (m) solaire	[kadrã sɔlɛr]
despertador (m)	réveil (m)	[revɛj]
relojoeiro (m)	horloger (m)	[ɔrlɔʒe]
reparar (vt)	réparer (vt)	[repare]

Alimentação. Nutrição

35. Comida

carne (f)	viande (f)	[vjãd]
galinha (f)	poulet (m)	[pulɛ]
frango (m)	poulet (m)	[pulɛ]
pato (m)	canard (m)	[kanar]
ganso (m)	oie (f)	[wa]
caça (f)	gibier (m)	[ʒibje]
peru (m)	dinde (f)	[dɛ̃d]
carne (f) de porco	du porc	[dy pɔr]
carne (f) de vitela	du veau	[dy vo]
carne (f) de carneiro	du mouton	[dy mutɔ̃]
carne (f) de vaca	du bœuf	[dy bœf]
carne (f) de coelho	lapin (m)	[lapɛ̃]
linguiça (f), salsichão (m)	saucisson (m)	[sosisɔ̃]
salsicha (f)	saucisse (f)	[sosis]
bacon (m)	bacon (m)	[bekɔn]
presunto (m)	jambon (m)	[ʒãbɔ̃]
pernil (m) de porco	cuisse (f)	[kɥis]
patê (m)	pâté (m)	[pɑte]
fígado (m)	foie (m)	[fwa]
guisado (m)	farce (f)	[fars]
língua (f)	langue (f)	[lãg]
ovo (m)	œuf (m)	[œf]
ovos (m pl)	les œufs	[lezø]
clara (f) de ovo	blanc (m) d'œuf	[blã dœf]
gema (f) de ovo	jaune (m) d'œuf	[ʒon dœf]
peixe (m)	poisson (m)	[pwasɔ̃]
mariscos (m pl)	fruits (m pl) de mer	[frɥi də mɛr]
crustáceos (m pl)	crustacés (m pl)	[krystase]
caviar (m)	caviar (m)	[kavjar]
caranguejo (m)	crabe (m)	[krab]
camarão (m)	crevette (f)	[krəvɛt]
ostra (f)	huître (f)	[ɥitr]
lagosta (f)	langoustine (f)	[lãgustin]
polvo (m)	poulpe (m)	[pulp]
lula (f)	calamar (m)	[kalamar]
esturjão (m)	esturgeon (m)	[ɛstyrʒɔ̃]
salmão (m)	saumon (m)	[somɔ̃]
halibute (m)	flétan (m)	[fletã]
bacalhau (m)	morue (f)	[mɔry]

cavala, sarda (f)	maquereau (m)	[makro]
atum (m)	thon (m)	[tɔ̃]
enguia (f)	anguille (f)	[ãgij]
truta (f)	truite (f)	[trɥit]
sardinha (f)	sardine (f)	[sardin]
lúcio (m)	brochet (m)	[brɔʃɛ]
arenque (m)	hareng (m)	[arã]
pão (m)	pain (m)	[pɛ̃]
queijo (m)	fromage (m)	[frɔmaʒ]
açúcar (m)	sucre (m)	[sykr]
sal (m)	sel (m)	[sɛl]
arroz (m)	riz (m)	[ri]
massas (f pl)	pâtes (m pl)	[pɑt]
talharim, miojo (m)	nouilles (f pl)	[nuj]
manteiga (f)	beurre (m)	[bœr]
óleo (m) vegetal	huile (f) végétale	[ɥil veʒetal]
óleo (m) de girassol	huile (f) de tournesol	[ɥil də turnəsɔl]
margarina (f)	margarine (f)	[margarin]
azeitonas (f pl)	olives (f pl)	[ɔliv]
azeite (m)	huile (f) d'olive	[ɥil dɔliv]
leite (m)	lait (m)	[lɛ]
leite (m) condensado	lait (m) condensé	[lɛ kɔ̃dãse]
iogurte (m)	yogourt (m)	[jaurt]
creme (m) azedo	crème (f) aigre	[krɛm ɛgr]
creme (m) de leite	crème (f)	[krɛm]
maionese (f)	sauce (f) mayonnaise	[sos majɔnɛz]
creme (m)	crème (f) au beurre	[krɛm o bœr]
grãos (m pl) de cereais	gruau (m)	[gryo]
farinha (f)	farine (f)	[farin]
enlatados (m pl)	conserves (f pl)	[kɔ̃sɛrv]
flocos (m pl) de milho	pétales (m pl) de maïs	[petal də mais]
mel (m)	miel (m)	[mjɛl]
geleia (m)	confiture (f)	[kɔ̃fityr]
chiclete (m)	gomme (f) à mâcher	[gɔm a maʃe]

36. Bebidas

água (f)	eau (f)	[o]
água (f) potável	eau (f) potable	[o pɔtabl]
água (f) mineral	eau (f) minérale	[o mineral]
sem gás (adj)	plate (adj)	[plat]
gaseificada (adj)	gazeuse (adj)	[gazøz]
com gás	pétillante (adj)	[petijãt]
gelo (m)	glace (f)	[glas]

com gelo	avec de la glace	[avɛk dəla glas]
não alcoólico (adj)	sans alcool	[sɑ̃ zalkɔl]
refrigerante (m)	boisson (f) non alcoolisée	[bwasɔ̃ nonalkɔlize]
refresco (m)	rafraîchissement (m)	[rafrɛʃismɑ̃]
limonada (f)	limonade (f)	[limɔnad]

bebidas (f pl) alcoólicas	boissons (f pl) alcoolisées	[bwasɔ̃ alkɔlize]
vinho (m)	vin (m)	[vɛ̃]
vinho (m) branco	vin (m) blanc	[vɛ̃ blɑ̃]
vinho (m) tinto	vin (m) rouge	[vɛ̃ ruʒ]

licor (m)	liqueur (f)	[likœr]
champanhe (m)	champagne (m)	[ʃɑ̃paɲ]
vermute (m)	vermouth (m)	[vɛrmut]

uísque (m)	whisky (m)	[wiski]
vodca (f)	vodka (f)	[vɔdka]
gim (m)	gin (m)	[dʒin]
conhaque (m)	cognac (m)	[kɔɲak]
rum (m)	rhum (m)	[rɔm]

café (m)	café (m)	[kafe]
café (m) preto	café (m) noir	[kafe nwar]
café (m) com leite	café (m) au lait	[kafe o lɛ]
cappuccino (m)	cappuccino (m)	[kaputʃino]
café (m) solúvel	café (m) soluble	[kafe sɔlybl]

leite (m)	lait (m)	[lɛ]
coquetel (m)	cocktail (m)	[kɔktɛl]
batida (f), milkshake (m)	cocktail (m) au lait	[kɔktɛl o lɛ]

suco (m)	jus (m)	[ʒy]
suco (m) de tomate	jus (m) de tomate	[ʒy də tɔmat]
suco (m) de laranja	jus (m) d'orange	[ʒy dɔrɑ̃ʒ]
suco (m) fresco	jus (m) pressé	[ʒy prese]

cerveja (f)	bière (f)	[bjɛr]
cerveja (f) clara	bière (f) blonde	[bjɛr blɔ̃d]
cerveja (f) preta	bière (f) brune	[bjɛr bryn]

chá (m)	thé (m)	[te]
chá (m) preto	thé (m) noir	[te nwar]
chá (m) verde	thé (m) vert	[te vɛr]

37. Vegetais

vegetais (m pl)	légumes (m pl)	[legym]
verdura (f)	verdure (f)	[vɛrdyr]

tomate (m)	tomate (f)	[tɔmat]
pepino (m)	concombre (m)	[kɔ̃kɔ̃br]
cenoura (f)	carotte (f)	[karɔt]
batata (f)	pomme (f) de terre	[pɔm də tɛr]
cebola (f)	oignon (m)	[ɔɲɔ̃]

alho (m)	**ail** (m)	[aj]
couve (f)	**chou** (m)	[ʃu]
couve-flor (f)	**chou-fleur** (m)	[ʃuflœr]
couve-de-bruxelas (f)	**chou** (m) **de Bruxelles**	[ʃu də brysɛl]
brócolis (m pl)	**brocoli** (m)	[brɔkɔli]
beterraba (f)	**betterave** (f)	[bɛtrav]
berinjela (f)	**aubergine** (f)	[obɛrʒin]
abobrinha (f)	**courgette** (f)	[kurʒɛt]
abóbora (f)	**potiron** (m)	[pɔtirɔ̃]
nabo (m)	**navet** (m)	[navɛ]
salsa (f)	**persil** (m)	[pɛrsi]
endro, aneto (m)	**fenouil** (m)	[fənuj]
alface (f)	**laitue** (f), **salade** (f)	[lety], [salad]
aipo (m)	**céleri** (m)	[sɛlri]
aspargo (m)	**asperge** (f)	[aspɛrʒ]
espinafre (m)	**épinard** (m)	[epinar]
ervilha (f)	**pois** (m)	[pwa]
feijão (~ soja, etc.)	**fèves** (f pl)	[fɛv]
milho (m)	**maïs** (m)	[mais]
feijão (m) roxo	**haricot** (m)	[ariko]
pimentão (m)	**poivron** (m)	[pwavrɔ̃]
rabanete (m)	**radis** (m)	[radi]
alcachofra (f)	**artichaut** (m)	[artiʃo]

38. Frutos. Nozes

fruta (f)	**fruit** (m)	[frɥi]
maçã (f)	**pomme** (f)	[pɔm]
pera (f)	**poire** (f)	[pwar]
limão (m)	**citron** (m)	[sitrɔ̃]
laranja (f)	**orange** (f)	[ɔrɑ̃ʒ]
morango (m)	**fraise** (f)	[frɛz]
tangerina (f)	**mandarine** (f)	[mɑ̃darin]
ameixa (f)	**prune** (f)	[pryn]
pêssego (m)	**pêche** (f)	[pɛʃ]
damasco (m)	**abricot** (m)	[abriko]
framboesa (f)	**framboise** (f)	[frɑ̃bwaz]
abacaxi (m)	**ananas** (m)	[anana]
banana (f)	**banane** (f)	[banan]
melancia (f)	**pastèque** (f)	[pastɛk]
uva (f)	**raisin** (m)	[rɛzɛ̃]
ginja (f)	**cerise** (f)	[səriz]
cereja (f)	**merise** (f)	[məriz]
melão (m)	**melon** (m)	[məlɔ̃]
toranja (f)	**pamplemousse** (m)	[pɑ̃pləmus]
abacate (m)	**avocat** (m)	[avɔka]
mamão (m)	**papaye** (f)	[papaj]

manga (f)	**mangue** (f)	[mɑ̃g]
romã (f)	**grenade** (f)	[grənad]

groselha (f) vermelha	**groseille** (f) **rouge**	[grozɛj ruʒ]
groselha (f) negra	**cassis** (m)	[kasis]
groselha (f) espinhosa	**groseille** (f) **verte**	[grozɛj vɛrt]
mirtilo (m)	**myrtille** (f)	[mirtij]
amora (f) silvestre	**mûre** (f)	[myr]

passa (f)	**raisin** (m) **sec**	[rɛzɛ̃ sɛk]
figo (m)	**figue** (f)	[fig]
tâmara (f)	**datte** (f)	[dat]

amendoim (m)	**cacahuète** (f)	[kakawɛt]
amêndoa (f)	**amande** (f)	[amɑ̃d]
noz (f)	**noix** (f)	[nwa]
avelã (f)	**noisette** (f)	[nwazɛt]
coco (m)	**noix** (f) **de coco**	[nwa də kɔkɔ]
pistaches (m pl)	**pistaches** (f pl)	[pistaʃ]

39. Pão. Bolaria

pastelaria (f)	**confiserie** (f)	[kɔ̃fizri]
pão (m)	**pain** (m)	[pɛ̃]
biscoito (m), bolacha (f)	**biscuit** (m)	[biskɥi]

chocolate (m)	**chocolat** (m)	[ʃɔkɔla]
de chocolate	**en chocolat** (adj)	[ɑ̃ ʃɔkɔla]
bala (f)	**bonbon** (m)	[bɔ̃bɔ̃]
doce (bolo pequeno)	**gâteau** (m)	[gato]
bolo (m) de aniversário	**tarte** (f)	[tart]

torta (f)	**gâteau** (m)	[gato]
recheio (m)	**garniture** (f)	[garnityr]

geleia (m)	**confiture** (f)	[kɔ̃fityr]
marmelada (f)	**marmelade** (f)	[marməlad]
wafers (m pl)	**gaufre** (f)	[gofr]
sorvete (m)	**glace** (f)	[glas]
pudim (m)	**pudding** (m)	[pudiŋ]

40. Pratos cozinhados

prato (m)	**plat** (m)	[pla]
cozinha (~ portuguesa)	**cuisine** (f)	[kɥizin]
receita (f)	**recette** (f)	[rəsɛt]
porção (f)	**portion** (f)	[pɔrsjɔ̃]

salada (f)	**salade** (f)	[salad]
sopa (f)	**soupe** (f)	[sup]
caldo (m)	**bouillon** (m)	[bujɔ̃]
sanduíche (m)	**sandwich** (m)	[sɑ̃dwitʃ]

ovos (m pl) fritos	les œufs brouillés	[lezø bruje]
hambúrguer (m)	hamburger (m)	[ãbœrgœr]
bife (m)	steak (m)	[stɛk]
acompanhamento (m)	garniture (f)	[garnityr]
espaguete (m)	spaghettis (m pl)	[spagɛti]
purê (m) de batata	purée (f)	[pyre]
pizza (f)	pizza (f)	[pidza]
mingau (m)	bouillie (f)	[buji]
omelete (f)	omelette (f)	[ɔmlɛt]
fervido (adj)	cuit à l'eau (adj)	[kɥitɑlo]
defumado (adj)	fumé (adj)	[fyme]
frito (adj)	frit (adj)	[fri]
seco (adj)	sec (adj)	[sɛk]
congelado (adj)	congelé (adj)	[kõʒle]
em conserva (adj)	mariné (adj)	[marine]
doce (adj)	sucré (adj)	[sykre]
salgado (adj)	salé (adj)	[sale]
frio (adj)	froid (adj)	[frwa]
quente (adj)	chaud (adj)	[ʃo]
amargo (adj)	amer (adj)	[amɛr]
gostoso (adj)	bon (adj)	[bõ]
cozinhar em água fervente	cuire à l'eau	[kɥir a lo]
preparar (vt)	préparer (vt)	[prepare]
fritar (vt)	faire frire	[fɛr frir]
aquecer (vt)	réchauffer (vt)	[reʃofe]
salgar (vt)	saler (vt)	[sale]
apimentar (vt)	poivrer (vt)	[pwavre]
ralar (vt)	râper (vt)	[rɑpe]
casca (f)	peau (f)	[po]
descascar (vt)	éplucher (vt)	[eplyʃe]

41. Especiarias

sal (m)	sel (m)	[sɛl]
salgado (adj)	salé (adj)	[sale]
salgar (vt)	saler (vt)	[sale]
pimenta-do-reino (f)	poivre (m) noir	[pwavr nwar]
pimenta (f) vermelha	poivre (m) rouge	[pwavr ruʒ]
mostarda (f)	moutarde (f)	[mutard]
raiz-forte (f)	raifort (m)	[rɛfɔr]
condimento (m)	condiment (m)	[kõdimã]
especiaria (f)	épice (f)	[epis]
molho (~ inglês)	sauce (f)	[sos]
vinagre (m)	vinaigre (m)	[vinɛgr]
anis estrelado (m)	anis (m)	[ani(s)]
manjericão (m)	basilic (m)	[bazilik]

cravo (m)	**clou** (m) **de girofle**	[klu də ʒirɔfl]
gengibre (m)	**gingembre** (m)	[ʒɛ̃ʒãbr]
coentro (m)	**coriandre** (m)	[kɔrjãdr]
canela (f)	**cannelle** (f)	[kanɛl]

gergelim (m)	**sésame** (m)	[sezam]
folha (f) de louro	**feuille** (f) **de laurier**	[fœj də lɔrje]
páprica (f)	**paprika** (m)	[paprika]
cominho (m)	**cumin** (m)	[kymɛ̃]
açafrão (m)	**safran** (m)	[safrã]

42. Refeições

comida (f)	**nourriture** (f)	[nurityr]
comer (vt)	**manger** (vi, vt)	[mãʒe]

café (m) da manhã	**petit déjeuner** (m)	[pəti deʒœne]
tomar café da manhã	**prendre le petit déjeuner**	[prãdr ləpti deʒœne]
almoço (m)	**déjeuner** (m)	[deʒœne]
almoçar (vi)	**déjeuner** (vi)	[deʒœne]
jantar (m)	**dîner** (m)	[dine]
jantar (vi)	**dîner** (vi)	[dine]

apetite (m)	**appétit** (m)	[apeti]
Bom apetite!	**Bon appétit!**	[bɔn apeti]

abrir (~ uma lata, etc.)	**ouvrir** (vt)	[uvrir]
derramar (~ líquido)	**renverser** (vt)	[rãvɛrse]
derramar-se (vr)	**se renverser** (vp)	[sə rãvɛrse]

ferver (vi)	**bouillir** (vi)	[bujir]
ferver (vt)	**faire bouillir**	[fɛr bujir]
fervido (adj)	**bouilli** (adj)	[buji]

esfriar (vt)	**refroidir** (vt)	[rəfrwadir]
esfriar-se (vr)	**se refroidir** (vp)	[sə rəfrwadir]

sabor, gosto (m)	**goût** (m)	[gu]
fim (m) de boca	**arrière-goût** (m)	[arjɛrgu]

emagrecer (vi)	**suivre un régime**	[sɥivr œ̃ reʒim]
dieta (f)	**régime** (m)	[reʒim]
vitamina (f)	**vitamine** (f)	[vitamin]
caloria (f)	**calorie** (f)	[kalɔri]

vegetariano (m)	**végétarien** (m)	[veʒetarjɛ̃]
vegetariano (adj)	**végétarien** (adj)	[veʒetarjɛ̃]

gorduras (f pl)	**lipides** (m pl)	[lipid]
proteínas (f pl)	**protéines** (f pl)	[prɔtein]
carboidratos (m pl)	**glucides** (m pl)	[glysid]
fatia (~ de limão, etc.)	**tranche** (f)	[trãʃ]
pedaço (~ de bolo)	**morceau** (m)	[mɔrso]
migalha (f), farelo (m)	**miette** (f)	[mjɛt]

43. Por a mesa

colher (f)	cuillère (f)	[kɥijɛr]
faca (f)	couteau (m)	[kuto]
garfo (m)	fourchette (f)	[furʃɛt]
xícara (f)	tasse (f)	[tɑs]
prato (m)	assiette (f)	[asjɛt]
pires (m)	soucoupe (f)	[sukup]
guardanapo (m)	serviette (f)	[sɛrvjɛt]
palito (m)	cure-dent (m)	[kyrdɑ̃]

44. Restaurante

restaurante (m)	restaurant (m)	[rɛstɔrɑ̃]
cafeteria (f)	salon (m) de café	[salɔ̃ də kafe]
bar (m), cervejaria (f)	bar (m)	[bar]
salão (m) de chá	salon (m) de thé	[salɔ̃ də te]
garçom (m)	serveur (m)	[sɛrvœr]
garçonete (f)	serveuse (f)	[sɛrvøz]
barman (m)	barman (m)	[barman]
cardápio (m)	carte (f)	[kart]
lista (f) de vinhos	carte (f) des vins	[kart de vɛ̃]
reservar uma mesa	réserver une table	[rezɛrve yn tabl]
prato (m)	plat (m)	[pla]
pedir (vt)	commander (vt)	[kɔmɑ̃de]
fazer o pedido	faire la commande	[fɛr la kɔmɑ̃d]
aperitivo (m)	apéritif (m)	[aperitif]
entrada (f)	hors-d'œuvre (m)	[ɔrdœvr]
sobremesa (f)	dessert (m)	[desɛr]
conta (f)	addition (f)	[adisjɔ̃]
pagar a conta	régler l'addition	[regle ladisjɔ̃]
dar o troco	rendre la monnaie	[rɑ̃dr la mɔnɛ]
gorjeta (f)	pourboire (m)	[purbwar]

Família, parentes e amigos

45. Informação pessoal. Formulários

nome (m)	**prénom** (m)	[prenɔ̃]
sobrenome (m)	**nom** (m) **de famille**	[nɔ̃ də famij]
data (f) de nascimento	**date** (f) **de naissance**	[dat də nɛsɑ̃s]
local (m) de nascimento	**lieu** (m) **de naissance**	[ljø də nɛsɑ̃s]
nacionalidade (f)	**nationalité** (f)	[nasjɔnalite]
lugar (m) de residência	**domicile** (m)	[dɔmisil]
país (m)	**pays** (m)	[pei]
profissão (f)	**profession** (f)	[prɔfɛsjɔ̃]
sexo (m)	**sexe** (m)	[sɛks]
estatura (f)	**taille** (f)	[taj]
peso (m)	**poids** (m)	[pwa]

46. Membros da família. Parentes

mãe (f)	**mère** (f)	[mɛr]
pai (m)	**père** (m)	[pɛr]
filho (m)	**fils** (m)	[fis]
filha (f)	**fille** (f)	[fij]
caçula (f)	**fille** (f) **cadette**	[fij kadɛt]
caçula (m)	**fils** (m) **cadet**	[fis kadɛ]
filha (f) mais velha	**fille** (f) **aînée**	[fij ene]
filho (m) mais velho	**fils** (m) **aîné**	[fis ene]
irmão (m)	**frère** (m)	[frɛr]
irmã (f)	**sœur** (f)	[sœr]
primo (m)	**cousin** (m)	[kuzɛ̃]
prima (f)	**cousine** (f)	[kuzin]
mamãe (f)	**maman** (f)	[mamɑ̃]
papai (m)	**papa** (m)	[papa]
pais (pl)	**parents** (pl)	[parɑ̃]
criança (f)	**enfant** (m, f)	[ɑ̃fɑ̃]
crianças (f pl)	**enfants** (pl)	[ɑ̃fɑ̃]
avó (f)	**grand-mère** (f)	[grɑ̃mɛr]
avô (m)	**grand-père** (m)	[grɑ̃pɛr]
neto (m)	**petit-fils** (m)	[pti fis]
neta (f)	**petite-fille** (f)	[ptit fij]
netos (pl)	**petits-enfants** (pl)	[pətizɑ̃fɑ̃]
tio (m)	**oncle** (m)	[ɔ̃kl]
tia (f)	**tante** (f)	[tɑ̃t]

| sobrinho (m) | neveu (m) | [nəvø] |
| sobrinha (f) | nièce (f) | [njɛs] |

sogra (f)	belle-mère (f)	[bɛlmɛr]
sogro (m)	beau-père (m)	[bopɛr]
genro (m)	gendre (m)	[ʒɑ̃dr]
madrasta (f)	belle-mère, marâtre (f)	[bɛlmɛr], [marɑtr]
padrasto (m)	beau-père (m)	[bopɛr]

criança (f) de colo	nourrisson (m)	[nurisõ]
bebê (m)	bébé (m)	[bebe]
menino (m)	petit (m)	[pti]

mulher (f)	femme (f)	[fam]
marido (m)	mari (m)	[mari]
esposo (m)	époux (m)	[epu]
esposa (f)	épouse (f)	[epuz]

casado (adj)	marié (adj)	[marje]
casada (adj)	mariée (adj)	[marje]
solteiro (adj)	célibataire (adj)	[selibatɛr]
solteirão (m)	célibataire (m)	[selibatɛr]
divorciado (adj)	divorcé (adj)	[divɔrse]
viúva (f)	veuve (f)	[vœv]
viúvo (m)	veuf (m)	[vœf]

parente (m)	parent (m)	[parɑ̃]
parente (m) próximo	parent (m) proche	[parɑ̃ prɔʃ]
parente (m) distante	parent (m) éloigné	[parɑ̃ elwaɲe]
parentes (m pl)	parents (m pl)	[parɑ̃]

órfão (m)	orphelin (m)	[ɔrfəlɛ̃]
órfã (f)	orpheline (f)	[ɔrfəlin]
tutor (m)	tuteur (m)	[tytœr]
adotar (um filho)	adopter (vt)	[adɔpte]
adotar (uma filha)	adopter (vt)	[adɔpte]

Medicina

47. Doenças

doença (f)	maladie (f)	[maladi]
estar doente	être malade	[ɛtr malad]
saúde (f)	santé (f)	[sãte]
nariz (m) escorrendo	rhume (m)	[rym]
amigdalite (f)	angine (f)	[ãʒin]
resfriado (m)	refroidissement (m)	[rəfrwadismã]
ficar resfriado	prendre froid	[prãdr frwa]
bronquite (f)	bronchite (f)	[brõʃit]
pneumonia (f)	pneumonie (f)	[pnømɔni]
gripe (f)	grippe (f)	[grip]
míope (adj)	myope (adj)	[mjɔp]
presbita (adj)	presbyte (adj)	[prɛsbit]
estrabismo (m)	strabisme (m)	[strabism]
estrábico, vesgo (adj)	strabique (adj)	[strabik]
catarata (f)	cataracte (f)	[katarakt]
glaucoma (m)	glaucome (m)	[glokom]
AVC (m), apoplexia (f)	insulte (f)	[ɛ̃sylt]
ataque (m) cardíaco	crise (f) cardiaque	[kriz kardjak]
enfarte (m) do miocárdio	infarctus (m) de myocarde	[ɛ̃farktys də mjɔkard]
paralisia (f)	paralysie (f)	[paralizi]
paralisar (vt)	paralyser (vt)	[paralize]
alergia (f)	allergie (f)	[alɛrʒi]
asma (f)	asthme (m)	[asm]
diabetes (f)	diabète (m)	[djabɛt]
dor (f) de dente	mal (m) de dents	[mal də dã]
cárie (f)	carie (f)	[kari]
diarreia (f)	diarrhée (f)	[djare]
prisão (f) de ventre	constipation (f)	[kõstipasjõ]
desarranjo (m) intestinal	estomac (m) barbouillé	[ɛstɔma barbuje]
intoxicação (f) alimentar	intoxication (f) alimentaire	[ɛ̃tɔksikasjɔn alimãtɛr]
intoxicar-se	être intoxiqué	[ɛtr ɛ̃tɔksike]
artrite (f)	arthrite (f)	[artrit]
raquitismo (m)	rachitisme (m)	[raʃitism]
reumatismo (m)	rhumatisme (m)	[rymatism]
arteriosclerose (f)	athérosclérose (f)	[ateroskleroz]
gastrite (f)	gastrite (f)	[gastrit]
apendicite (f)	appendicite (f)	[apɛ̃disit]

| colecistite (f) | cholécystite (f) | [kɔlesistit] |
| úlcera (f) | ulcère (m) | [ylsɛr] |

sarampo (m)	rougeole (f)	[ruʒɔl]
rubéola (f)	rubéole (f)	[rybeɔl]
icterícia (f)	jaunisse (f)	[ʒonis]
hepatite (f)	hépatite (f)	[epatit]

esquizofrenia (f)	schizophrénie (f)	[skizɔfreni]
raiva (f)	rage (f)	[raʒ]
neurose (f)	névrose (f)	[nevroz]
contusão (f) cerebral	commotion (f) cérébrale	[kɔmɔsjõ serebral]

câncer (m)	cancer (m)	[kãsɛr]
esclerose (f)	sclérose (f)	[skleroz]
esclerose (f) múltipla	sclérose (f) en plaques	[skleroz ã plak]

alcoolismo (m)	alcoolisme (m)	[alkɔlism]
alcoólico (m)	alcoolique (m)	[alkɔlik]
sífilis (f)	syphilis (f)	[sifilis]
AIDS (f)	SIDA (m)	[sida]

tumor (m)	tumeur (f)	[tymœr]
maligno (adj)	maligne (adj)	[maliɲ]
benigno (adj)	bénigne (adj)	[beniɲ]

febre (f)	fièvre (f)	[fjɛvr]
malária (f)	malaria (f)	[malarja]
gangrena (f)	gangrène (f)	[gãgrɛn]
enjoo (m)	mal (m) de mer	[mal də mɛr]
epilepsia (f)	épilepsie (f)	[epilɛpsi]

epidemia (f)	épidémie (f)	[epidemi]
tifo (m)	typhus (m)	[tifys]
tuberculose (f)	tuberculose (f)	[tybɛrkyloz]
cólera (f)	choléra (m)	[kɔlera]
peste (f) bubônica	peste (f)	[pɛst]

48. Sintomas. Tratamentos. Parte 1

sintoma (m)	symptôme (m)	[sɛ̃ptom]
temperatura (f)	température (f)	[tãperatyr]
febre (f)	fièvre (f)	[fjɛvr]
pulso (m)	pouls (m)	[pu]

vertigem (f)	vertige (m)	[vɛrtiʒ]
quente (testa, etc.)	chaud (adj)	[ʃo]
calafrio (m)	frisson (m)	[frisõ]
pálido (adj)	pâle (adj)	[pɑl]

tosse (f)	toux (f)	[tu]
tossir (vi)	tousser (vi)	[tuse]
espirrar (vi)	éternuer (vi)	[etɛrnɥe]
desmaio (m)	évanouissement (m)	[evanwismã]

desmaiar (vi)	s'évanouir (vp)	[sevanwir]
mancha (f) preta	bleu (m)	[blø]
galo (m)	bosse (f)	[bɔs]
machucar-se (vr)	se heurter (vp)	[sə œrte]
contusão (f)	meurtrissure (f)	[mœrtrisyr]
machucar-se (vr)	se faire mal	[sə fɛr mal]
mancar (vi)	boiter (vi)	[bwate]
deslocamento (f)	foulure (f)	[fulyr]
deslocar (vt)	se démettre (vp)	[sə demɛtr]
fratura (f)	fracture (f)	[fraktyr]
fraturar (vt)	avoir une fracture	[avwar yn fraktyr]
corte (m)	coupure (f)	[kupyr]
cortar-se (vr)	se couper (vp)	[sə kupe]
hemorragia (f)	hémorragie (f)	[emɔraʒi]
queimadura (f)	brûlure (f)	[brylyr]
queimar-se (vr)	se brûler (vp)	[sə bryle]
picar (vt)	se piquer (vp)	[sə pike]
picar-se (vr)	se piquer (vp)	[sə pike]
lesionar (vt)	blesser (vt)	[blese]
lesão (m)	blessure (f)	[blesyr]
ferida (f), ferimento (m)	blessure (f)	[blesyr]
trauma (m)	trauma (m)	[troma]
delirar (vi)	délirer (vi)	[delire]
gaguejar (vi)	bégayer (vi)	[begeje]
insolação (f)	insolation (f)	[ɛ̃sɔlasjɔ̃]

49. Sintomas. Tratamentos. Parte 2

dor (f)	douleur (f)	[dulœr]
farpa (no dedo, etc.)	écharde (f)	[eʃard]
suor (m)	sueur (f)	[sɥœr]
suar (vi)	suer (vi)	[sɥe]
vômito (m)	vomissement (m)	[vɔmismɑ̃]
convulsões (f pl)	spasmes (m pl)	[spasm]
grávida (adj)	enceinte (adj)	[ɑ̃sɛ̃t]
nascer (vi)	naître (vi)	[nɛtr]
parto (m)	accouchement (m)	[akuʃmɑ̃]
dar à luz	accoucher (vt)	[akuʃe]
aborto (m)	avortement (m)	[avɔrtəmɑ̃]
respiração (f)	respiration (f)	[rɛspirasjɔ̃]
inspiração (f)	inhalation (f)	[inalasjɔ̃]
expiração (f)	expiration (f)	[ɛkspirasjɔ̃]
expirar (vi)	expirer (vi)	[ɛkspire]
inspirar (vi)	inspirer (vi)	[inale]
inválido (m)	invalide (m)	[ɛ̃valid]
aleijado (m)	handicapé (m)	[ɑ̃dikape]

drogado (m)	drogué (m)	[drɔge]
surdo (adj)	sourd (adj)	[sur]
mudo (adj)	muet (adj)	[mɥɛ]
surdo-mudo (adj)	sourd-muet (adj)	[surmɥɛ]

louco, insano (adj)	fou (adj)	[fu]
louco (m)	fou (m)	[fu]
louca (f)	folle (f)	[fɔl]
ficar louco	devenir fou	[dəvnir fu]

gene (m)	gène (m)	[ʒɛn]
imunidade (f)	immunité (f)	[imynite]
hereditário (adj)	héréditaire (adj)	[ereditɛr]
congênito (adj)	congénital (adj)	[kɔ̃ʒenital]

vírus (m)	virus (m)	[virys]
micróbio (m)	microbe (m)	[mikrɔb]
bactéria (f)	bactérie (f)	[bakteri]
infecção (f)	infection (f)	[ɛ̃fɛksjɔ̃]

50. Sintomas. Tratamentos. Parte 3

hospital (m)	hôpital (m)	[ɔpital]
paciente (m)	patient (m)	[pasjɑ̃]

diagnóstico (m)	diagnostic (m)	[djagnɔstik]
cura (f)	cure (f)	[kyr]
tratamento (m) médico	traitement (m)	[trɛtmɑ̃]
curar-se (vr)	se faire soigner	[sə fɛr swaɲe]
tratar (vt)	traiter (vt)	[trete]
cuidar (pessoa)	soigner (vt)	[swaɲe]
cuidado (m)	soins (m pl)	[swɛ̃]

operação (f)	opération (f)	[ɔperasjɔ̃]
enfaixar (vt)	panser (vt)	[pɑ̃se]
enfaixamento (m)	pansement (m)	[pɑ̃smɑ̃]

vacinação (f)	vaccination (f)	[vaksinasjɔ̃]
vacinar (vt)	vacciner (vt)	[vaksine]
injeção (f)	piqûre (f)	[pikyr]
dar uma injeção	faire une piqûre	[fɛr yn pikyr]

ataque (~ de asma, etc.)	crise, attaque (f)	[kriz], [atak]
amputação (f)	amputation (f)	[ɑ̃pytasjɔ̃]
amputar (vt)	amputer (vt)	[ɑ̃pyte]
coma (f)	coma (m)	[kɔma]
estar em coma	être dans le coma	[ɛtr dɑ̃ lə kɔma]
reanimação (f)	réanimation (f)	[reanimasjɔ̃]

recuperar-se (vr)	se rétablir (vp)	[sə retablir]
estado (~ de saúde)	état (m)	[eta]
consciência (perder a ~)	conscience (f)	[kɔ̃sjɑ̃s]
memória (f)	mémoire (f)	[memwar]
tirar (vt)	arracher (vt)	[araʃe]

obturação (f)	plombage (m)	[plɔ̃baʒ]
obturar (vt)	plomber (vt)	[plɔ̃be]

hipnose (f)	hypnose (f)	[ipnoz]
hipnotizar (vt)	hypnotiser (vt)	[ipnɔtize]

51. Médicos

médico (m)	médecin (m)	[medsɛ̃]
enfermeira (f)	infirmière (f)	[ɛ̃firmjɛr]
médico (m) pessoal	médecin (m) personnel	[medsɛ̃ pɛrsɔnɛl]

dentista (m)	dentiste (m)	[dɑ̃tist]
oculista (m)	ophtalmologiste (m)	[ɔftalmɔlɔʒist]
terapeuta (m)	généraliste (m)	[ʒeneralist]
cirurgião (m)	chirurgien (m)	[ʃiryrʒjɛ̃]

psiquiatra (m)	psychiatre (m)	[psikjatr]
pediatra (m)	pédiatre (m)	[pedjatr]
psicólogo (m)	psychologue (m)	[psikɔlɔg]
ginecologista (m)	gynécologue (m)	[ʒinekɔlɔg]
cardiologista (m)	cardiologue (m)	[kardjolɔg]

52. Medicina. Drogas. Acessórios

medicamento (m)	médicament (m)	[medikamɑ̃]
remédio (m)	remède (m)	[rəmɛd]
receitar (vt)	prescrire (vt)	[prɛskrir]
receita (f)	ordonnance (f)	[ɔrdɔnɑ̃s]

comprimido (m)	comprimé (m)	[kɔ̃prime]
unguento (m)	onguent (m)	[ɔ̃gɑ̃]
ampola (f)	ampoule (f)	[ɑ̃pul]
solução, preparado (m)	mixture (f)	[mikstyr]
xarope (m)	sirop (m)	[siro]
cápsula (f)	pilule (f)	[pilyl]
pó (m)	poudre (f)	[pudr]

atadura (f)	bande (f)	[bɑ̃d]
algodão (m)	coton (m)	[kɔtɔ̃]
iodo (m)	iode (m)	[jɔd]

curativo (m) adesivo	sparadrap (m)	[sparadra]
conta-gotas (m)	compte-gouttes (m)	[kɔ̃tgut]
termômetro (m)	thermomètre (m)	[tɛrmɔmɛtr]
seringa (f)	seringue (f)	[sərɛ̃g]

cadeira (f) de rodas	fauteuil (m) roulant	[fotœj rulɑ̃]
muletas (f pl)	béquilles (f pl)	[bekij]

analgésico (m)	anesthésique (m)	[anɛstezik]
laxante (m)	purgatif (m)	[pyrgatif]

álcool (m)	**alcool** (m)	[alkɔl]
ervas (f pl) medicinais	**herbe** (f) **médicinale**	[ɛrb medisinal]
de ervas (chá ~)	**d'herbes** (adj)	[dɛrb]

HABITAT HUMANO

Cidade

53. Cidade. Vida na cidade

cidade (f)	ville (f)	[vil]
capital (f)	capitale (f)	[kapital]
aldeia (f)	village (m)	[vilaʒ]
mapa (m) da cidade	plan (m) de la ville	[plɑ̃ də la vil]
centro (m) da cidade	centre-ville (m)	[sɑ̃trəvil]
subúrbio (m)	banlieue (f)	[bɑ̃ljø]
suburbano (adj)	de banlieue (adj)	[də bɑ̃ljø]
periferia (f)	périphérie (f)	[periferi]
arredores (m pl)	alentours (m pl)	[alɑ̃tur]
quarteirão (m)	quartier (m)	[kartje]
quarteirão (m) residencial	quartier (m) résidentiel	[kartje rezidɑ̃sjɛl]
tráfego (m)	trafic (m)	[trafik]
semáforo (m)	feux (m pl) de circulation	[fø də sirkylasjɔ̃]
transporte (m) público	transport (m) urbain	[trɑ̃spɔr yrbɛ̃]
cruzamento (m)	carrefour (m)	[karfur]
faixa (f)	passage (m) piéton	[pɑsaʒ pjetɔ̃]
túnel (m) subterrâneo	passage (m) souterrain	[pɑsaʒ sutɛrɛ̃]
cruzar, atravessar (vt)	traverser (vt)	[travɛrse]
pedestre (m)	piéton (m)	[pjetɔ̃]
calçada (f)	trottoir (m)	[trɔtwar]
ponte (f)	pont (m)	[pɔ̃]
margem (f) do rio	quai (m)	[kɛ]
fonte (f)	fontaine (f)	[fɔ̃tɛn]
alameda (f)	allée (f)	[ale]
parque (m)	parc (m)	[park]
bulevar (m)	boulevard (m)	[bulvar]
praça (f)	place (f)	[plas]
avenida (f)	avenue (f)	[avny]
rua (f)	rue (f)	[ry]
travessa (f)	ruelle (f)	[rɥɛl]
beco (m) sem saída	impasse (f)	[ɛ̃pas]
casa (f)	maison (f)	[mɛzɔ̃]
edifício, prédio (m)	édifice (m)	[edifis]
arranha-céu (m)	gratte-ciel (m)	[gratsjɛl]
fachada (f)	façade (f)	[fasad]
telhado (m)	toit (m)	[twa]

janela (f)	fenêtre (f)	[fənɛtr]
arco (m)	arc (m)	[ark]
coluna (f)	colonne (f)	[kɔlɔn]
esquina (f)	coin (m)	[kwɛ̃]

vitrine (f)	vitrine (f)	[vitrin]
letreiro (m)	enseigne (f)	[ãsɛɲ]
cartaz (do filme, etc.)	affiche (f)	[afiʃ]
cartaz (m) publicitário	affiche (f) publicitaire	[afiʃ pyblisitɛr]
painel (m) publicitário	panneau-réclame (m)	[pano reklam]

lixo (m)	ordures (f pl)	[ɔrdyr]
lata (f) de lixo	poubelle (f)	[pubɛl]
jogar lixo na rua	jeter ... à terre	[ʒəte ... a tɛr]
aterro (m) sanitário	décharge (f)	[deʃarʒ]

orelhão (m)	cabine (f) téléphonique	[kabin telefɔnik]
poste (m) de luz	réverbère (m)	[revɛrbɛr]
banco (m)	banc (m)	[bã]

polícia (m)	policier (m)	[polisje]
polícia (instituição)	police (f)	[polis]
mendigo, pedinte (m)	clochard (m)	[klɔʃar]
desabrigado (m)	sans-abri (m)	[sãzabri]

54. Instituições urbanas

loja (f)	magasin (m)	[magazɛ̃]
drogaria (f)	pharmacie (f)	[farmasi]
ótica (f)	opticien (m)	[ɔptisjɛ̃]
centro (m) comercial	centre (m) commercial	[sãtr kɔmɛrsjal]
supermercado (m)	supermarché (m)	[sypɛrmarʃe]

padaria (f)	boulangerie (f)	[bulãʒri]
padeiro (m)	boulanger (m)	[bulãʒe]
pastelaria (f)	pâtisserie (f)	[pɑtisri]
mercearia (f)	épicerie (f)	[episri]
açougue (m)	boucherie (f)	[buʃri]

fruteira (f)	magasin (m) de légumes	[magazɛ̃ də legym]
mercado (m)	marché (m)	[marʃe]

cafeteria (f)	salon (m) de café	[salɔ̃ də kafe]
restaurante (m)	restaurant (m)	[rɛstɔrã]
bar (m)	brasserie (f)	[brasri]
pizzaria (f)	pizzeria (f)	[pidzerja]

salão (m) de cabeleireiro	salon (m) de coiffure	[salɔ̃ də kwafyr]
agência (f) dos correios	poste (f)	[pɔst]
lavanderia (f)	pressing (m)	[presiɲ]
estúdio (m) fotográfico	atelier (m) de photo	[atəlje də fɔto]

sapataria (f)	magasin (m) de chaussures	[magazɛ̃ də ʃosyr]
livraria (f)	librairie (f)	[librɛri]

loja (f) de artigos esportivos	magasin (m) d'articles de sport	[magazɛ̃ dartikl də spɔr]
costureira (m)	atelier (m) de retouche	[atəlje də rətuʃ]
aluguel (m) de roupa	location (f) de vêtements	[lɔkasjɔ̃ də vɛtmã]
videolocadora (f)	location (f) de films	[lɔkasjɔ̃ də film]
circo (m)	cirque (m)	[sirk]
jardim (m) zoológico	zoo (m)	[zoo]
cinema (m)	cinéma (m)	[sinema]
museu (m)	musée (m)	[myze]
biblioteca (f)	bibliothèque (f)	[biblijɔtɛk]
teatro (m)	théâtre (m)	[teɑtr]
ópera (f)	opéra (m)	[ɔpera]
boate (casa noturna)	boîte (f) de nuit	[bwat də nɥi]
cassino (m)	casino (m)	[kazino]
mesquita (f)	mosquée (f)	[mɔske]
sinagoga (f)	synagogue (f)	[sinagɔg]
catedral (f)	cathédrale (f)	[katedral]
templo (m)	temple (m)	[tãpl]
igreja (f)	église (f)	[egliz]
faculdade (f)	institut (m)	[ɛ̃stity]
universidade (f)	université (f)	[ynivɛrsite]
escola (f)	école (f)	[ekɔl]
prefeitura (f)	préfecture (f)	[prefɛktyr]
câmara (f) municipal	mairie (f)	[meri]
hotel (m)	hôtel (m)	[otɛl]
banco (m)	banque (f)	[bãk]
embaixada (f)	ambassade (f)	[ãbasad]
agência (f) de viagens	agence (f) de voyages	[aʒãs də vwajaʒ]
agência (f) de informações	bureau (m) d'information	[byro dɛ̃fɔrmasjɔ̃]
casa (f) de câmbio	bureau (m) de change	[byro də ʃãʒ]
metrô (m)	métro (m)	[metro]
hospital (m)	hôpital (m)	[ɔpital]
posto (m) de gasolina	station-service (f)	[stasjɔ̃sɛrvis]
parque (m) de estacionamento	parking (m)	[parkiŋ]

55. Sinais

letreiro (m)	enseigne (f)	[ãsɛɲ]
aviso (m)	pancarte (f)	[pãkart]
cartaz, pôster (m)	poster (m)	[pɔstɛr]
placa (f) de direção	indicateur (m) de direction	[ɛ̃dikatœr də dirɛksjɔ̃]
seta (f)	flèche (f)	[flɛʃ]
aviso (advertência)	avertissement (m)	[avɛrtismã]
sinal (m) de aviso	panneau (m) d'avertissement	[pano davɛrtismã]

avisar, advertir (vt)	**avertir** (vt)	[avɛrtir]
dia (m) de folga	**jour** (m) **de repos**	[ʒur də rəpo]
horário (~ dos trens, etc.)	**horaire** (m)	[ɔrɛr]
horário (m)	**heures** (f pl) **d'ouverture**	[zœr duvɛrtyr]

BEM-VINDOS!	**BIENVENUE!**	[bjɛ̃vny]
ENTRADA	**ENTRÉE**	[ãtre]
SAÍDA	**SORTIE**	[sɔrti]

EMPURRE	**POUSSER**	[puse]
PUXE	**TIRER**	[tire]
ABERTO	**OUVERT**	[uvɛr]
FECHADO	**FERMÉ**	[fɛrme]

MULHER	**FEMMES**	[fam]
HOMEM	**HOMMES**	[ɔm]

DESCONTOS	**RABAIS**	[sɔld]
SALDOS, PROMOÇÃO	**SOLDES**	[rabɛ]
NOVIDADE!	**NOUVEAU!**	[nuvo]
GRÁTIS	**GRATUIT**	[gratɥi]

ATENÇÃO!	**ATTENTION!**	[atãsjɔ̃]
NÃO HÁ VAGAS	**COMPLET**	[kɔ̃plɛ]
RESERVADO	**RÉSERVÉ**	[rezɛrve]

ADMINISTRAÇÃO	**ADMINISTRATION**	[administrasjɔ̃]
SOMENTE PESSOAL AUTORIZADO	**RÉSERVÉ AU PERSONNEL**	[rezɛrve o pɛrsɔnɛl]

CUIDADO CÃO FEROZ	**ATTENTION CHIEN MÉCHANT**	[atãsjɔ̃ ʃjɛ̃ meʃã]
PROIBIDO FUMAR!	**DÉFENSE DE FUMER**	[defãs də fyme]
NÃO TOCAR	**PRIERE DE NE PAS TOUCHER**	[prijɛr dənəpa tuʃe]

PERIGOSO	**DANGEREUX**	[dãʒrø]
PERIGO	**DANGER**	[dãʒe]
ALTA TENSÃO	**HAUTE TENSION**	[ot tãsjɔ̃]
PROIBIDO NADAR	**BAIGNADE INTERDITE**	[bɛɲad ɛ̃tɛrdit]
COM DEFEITO	**HORS SERVICE**	[ɔr sɛrvis]

INFLAMÁVEL	**INFLAMMABLE**	[ɛ̃flamabl]
PROIBIDO	**INTERDIT**	[ɛ̃tɛrdi]
ENTRADA PROIBIDA	**PASSAGE INTERDIT**	[pasaʒ ɛ̃tɛrdi]
CUIDADO TINTA FRESCA	**PEINTURE FRAÎCHE**	[pɛ̃tyr frɛʃ]

56. Transportes urbanos

ônibus (m)	**autobus** (m)	[otobys]
bonde (m) elétrico	**tramway** (m)	[tramwɛ]
trólebus (m)	**trolleybus** (m)	[trɔlɛbys]
rota (f), itinerário (m)	**itinéraire** (m)	[itinerɛr]
número (m)	**numéro** (m)	[nymero]

ir de ... (carro, etc.)	prendre ...	[prɑ̃dr]
entrar no ...	monter (vi)	[mɔ̃te]
descer do ...	descendre de ...	[desɑ̃dr də]

parada (f)	arrêt (m)	[arɛ]
próxima parada (f)	arrêt (m) prochain	[arɛt prɔʃɛ̃]
terminal (m)	terminus (m)	[tɛrminys]
horário (m)	horaire (m)	[ɔrɛr]
esperar (vt)	attendre (vt)	[atɑ̃dr]

passagem (f)	ticket (m)	[tikɛ]
tarifa (f)	prix (m) du ticket	[pri dy tikɛ]

bilheteiro (m)	caissier (m)	[kesje]
controle (m) de passagens	contrôle (m) des tickets	[kɔ̃trol de tikɛ]
revisor (m)	contrôleur (m)	[kɔ̃trolœr]

atrasar-se (vr)	être en retard	[ɛtr ɑ̃ rətar]
perder (o autocarro, etc.)	rater (vt)	[rate]
estar com pressa	se dépêcher	[sə depeʃe]

táxi (m)	taxi (m)	[taksi]
taxista (m)	chauffeur (m) de taxi	[ʃofœr də taksi]
de táxi (ir ~)	en taxi	[ɑ̃ taksi]
ponto (m) de táxis	arrêt (m) de taxi	[arɛ də taksi]
chamar um táxi	appeler un taxi	[aple œ̃ taksi]
pegar um táxi	prendre un taxi	[prɑ̃dr œ̃ taksi]

tráfego (m)	trafic (m)	[trafik]
engarrafamento (m)	embouteillage (m)	[ɑ̃butɛjaʒ]
horas (f pl) de pico	heures (f pl) de pointe	[œr də pwɛ̃t]
estacionar (vi)	se garer (vp)	[sə gare]
estacionar (vt)	garer (vt)	[gare]
parque (m) de estacionamento	parking (m)	[parkiŋ]

metrô (m)	métro (m)	[metro]
estação (f)	station (f)	[stasjɔ̃]
ir de metrô	prendre le métro	[prɑ̃dr lə metro]
trem (m)	train (m)	[trɛ̃]
estação (f) de trem	gare (f)	[gar]

57. Turismo

monumento (m)	monument (m)	[mɔnymɑ̃]
fortaleza (f)	forteresse (f)	[fortərɛs]
palácio (m)	palais (m)	[palɛ]
castelo (m)	château (m)	[ʃato]
torre (f)	tour (f)	[tur]
mausoléu (m)	mausolée (m)	[mozɔle]

arquitetura (f)	architecture (f)	[arʃitɛktyr]
medieval (adj)	médiéval (adj)	[medjeval]
antigo (adj)	ancien (adj)	[ɑ̃sjɛ̃]
nacional (adj)	national (adj)	[nasjɔnal]

famoso, conhecido (adj)	connu (adj)	[kɔny]
turista (m)	touriste (m)	[turist]
guia (pessoa)	guide (m)	[gid]
excursão (f)	excursion (f)	[ɛkskyrsjɔ̃]
mostrar (vt)	montrer (vt)	[mɔ̃tre]
contar (vt)	raconter (vt)	[rakɔ̃te]

encontrar (vt)	trouver (vt)	[truve]
perder-se (vr)	se perdre (vp)	[sə pɛrdr]
mapa (~ do metrô)	plan (m)	[plɑ̃]
mapa (~ da cidade)	carte (f)	[kart]

lembrança (f), presente (m)	souvenir (m)	[suvnir]
loja (f) de presentes	boutique (f) de souvenirs	[butik də suvnir]
tirar fotos, fotografar	prendre en photo	[prɑ̃dr ɑ̃ foto]
fotografar-se (vr)	se faire prendre en photo	[sə fɛr prɑ̃dr ɑ̃ foto]

58. Compras

comprar (vt)	acheter (vt)	[aʃte]
compra (f)	achat (m)	[aʃa]
fazer compras	faire des achats	[fɛr dezaʃa]
compras (f pl)	shopping (m)	[ʃɔpiŋ]

| estar aberta (loja) | être ouvert | [ɛtr uvɛr] |
| estar fechada | être fermé | [ɛtr fɛrme] |

calçado (m)	chaussures (f pl)	[ʃosyr]
roupa (f)	vêtement (m)	[vɛtmɑ̃]
cosméticos (m pl)	produits (m pl) de beauté	[prɔdyi də bote]
alimentos (m pl)	produits (m pl) alimentaires	[prɔdyi alimɑ̃tɛr]
presente (m)	cadeau (m)	[kado]

| vendedor (m) | vendeur (m) | [vɑ̃dœr] |
| vendedora (f) | vendeuse (f) | [vɑ̃døz] |

caixa (f)	caisse (f)	[kɛs]
espelho (m)	miroir (m)	[mirwar]
balcão (m)	comptoir (m)	[kɔ̃twar]
provador (m)	cabine (f) d'essayage	[kabin desɛjaʒ]

provar (vt)	essayer (vt)	[eseje]
servir (roupa, caber)	aller bien	[ale bjɛ̃]
gostar (apreciar)	plaire à ...	[plɛr a]

preço (m)	prix (m)	[pri]
etiqueta (f) de preço	étiquette (f) de prix	[etikɛt də pri]
custar (vt)	coûter (vi, vt)	[kute]
Quanto?	Combien?	[kɔ̃bjɛ̃]
desconto (m)	rabais (m)	[rabɛ]

não caro (adj)	pas cher (adj)	[pa ʃɛr]
barato (adj)	bon marché (adj)	[bɔ̃ marʃe]
caro (adj)	cher (adj)	[ʃɛr]

É caro	C'est cher	[sɛ ʃɛr]
aluguel (m)	location (f)	[lɔkasjɔ̃]
alugar (roupas, etc.)	louer (vt)	[lwe]
crédito (m)	crédit (m)	[kredi]
a crédito	à crédit (adv)	[ɑkredi]

59. Dinheiro

dinheiro (m)	argent (m)	[arʒɑ̃]
câmbio (m)	échange (m)	[eʃɑ̃ʒ]
taxa (f) de câmbio	cours (m) de change	[kur də ʃɑ̃ʒ]
caixa (m) eletrônico	distributeur (m)	[distribytœr]
moeda (f)	monnaie (f)	[mɔnɛ]
dólar (m)	dollar (m)	[dɔlar]
euro (m)	euro (m)	[øro]
lira (f)	lire (f)	[lir]
marco (m)	mark (m) allemand	[mark almɑ̃]
franco (m)	franc (m)	[frɑ̃]
libra (f) esterlina	livre sterling (f)	[livr stɛrliŋ]
iene (m)	yen (m)	[jɛn]
dívida (f)	dette (f)	[dɛt]
devedor (m)	débiteur (m)	[debitœr]
emprestar (vt)	prêter (vt)	[prete]
pedir emprestado	emprunter (vt)	[ɑ̃prœ̃te]
banco (m)	banque (f)	[bɑ̃k]
conta (f)	compte (m)	[kɔ̃t]
depositar (vt)	verser (vt)	[vɛrse]
depositar na conta	verser dans le compte	[vɛrse dɑ̃ lə kɔ̃t]
sacar (vt)	retirer du compte	[rətire dy kɔ̃t]
cartão (m) de crédito	carte (f) de crédit	[kart də kredi]
dinheiro (m) vivo	espèces (f pl)	[ɛspɛs]
cheque (m)	chèque (m)	[ʃɛk]
passar um cheque	faire un chèque	[fɛr œ̃ ʃɛk]
talão (m) de cheques	chéquier (m)	[ʃekje]
carteira (f)	portefeuille (m)	[pɔrtəfœj]
niqueleira (f)	bourse (f)	[burs]
cofre (m)	coffre fort (m)	[kɔfr fɔr]
herdeiro (m)	héritier (m)	[eritje]
herança (f)	héritage (m)	[eritaʒ]
fortuna (riqueza)	fortune (f)	[fɔrtyn]
arrendamento (m)	location (f)	[lɔkasjɔ̃]
aluguel (pagar o ~)	loyer (m)	[lwaje]
alugar (vt)	louer (vt)	[lwe]
preço (m)	prix (m)	[pri]
custo (m)	coût (m)	[ku]

soma (f)	somme (f)	[sɔm]
gastar (vt)	dépenser (vt)	[depãse]
gastos (m pl)	dépenses (f pl)	[depãs]
economizar (vi)	économiser (vt)	[ekɔnɔmize]
econômico (adj)	économe (adj)	[ekɔnɔm]
pagar (vt)	payer (vi, vt)	[peje]
pagamento (m)	paiement (m)	[pɛmã]
troco (m)	monnaie (f)	[mɔnɛ]
imposto (m)	impôt (m)	[ɛ̃po]
multa (f)	amende (f)	[amãd]
multar (vt)	mettre une amende	[mɛtr ynamãd]

60. Correios. Serviço postal

agência (f) dos correios	poste (f)	[pɔst]
correio (m)	courrier (m)	[kurje]
carteiro (m)	facteur (m)	[faktœr]
horário (m)	heures (f pl) d'ouverture	[zœr duvɛrtyr]
carta (f)	lettre (f)	[lɛtr]
carta (f) registada	recommandé (m)	[rəkɔmãde]
cartão (m) postal	carte (f) postale	[kart pɔstal]
telegrama (m)	télégramme (m)	[telegram]
encomenda (f)	colis (m)	[kɔli]
transferência (f) de dinheiro	mandat (m) postal	[mãda pɔstal]
receber (vt)	recevoir (vt)	[rəsəvwar]
enviar (vt)	envoyer (vt)	[ãvwaje]
envio (m)	envoi (m)	[ãvwa]
endereço (m)	adresse (f)	[adrɛs]
código (m) postal	code (m) postal	[kɔd pɔstal]
remetente (m)	expéditeur (m)	[ɛkspeditœr]
destinatário (m)	destinataire (m)	[dɛstinatɛr]
nome (m)	prénom (m)	[prenɔ̃]
sobrenome (m)	nom (m) de famille	[nɔ̃ də famij]
tarifa (f)	tarif (m)	[tarif]
ordinário (adj)	normal (adj)	[nɔrmal]
econômico (adj)	économique (adj)	[ekɔnɔmik]
peso (m)	poids (m)	[pwa]
pesar (estabelecer o peso)	peser (vt)	[pəze]
envelope (m)	enveloppe (f)	[ãvlɔp]
selo (m) postal	timbre (m)	[tɛ̃br]
colar o selo	timbrer (vt)	[tɛ̃bre]

Moradia. Casa. Lar

61. Casa. Eletricidade

eletricidade (f)	électricité (f)	[elɛktrisite]
lâmpada (f)	ampoule (f)	[ãpul]
interruptor (m)	interrupteur (m)	[ɛ̃teryptœr]
fusível, disjuntor (m)	plomb, fusible (m)	[plɔ̃], [fyzibl]
fio, cabo (m)	fil (m)	[fil]
instalação (f) elétrica	installation (f) électrique	[ɛ̃stalasjɔ̃ elɛktrik]
medidor (m) de eletricidade	compteur (m) électrique	[kɔ̃tœr elɛktrik]
indicação (f), registro (m)	relevé (m)	[rəlve]

62. Moradia. Mansão

casa (f) de campo	maison (f) de campagne	[mɛzɔ̃ də kãpaɲ]
vila (f)	villa (f)	[vila]
ala (~ do edifício)	aile (f)	[ɛl]
jardim (m)	jardin (m)	[ʒardɛ̃]
parque (m)	parc (m)	[park]
estufa (f)	serre (f) tropicale	[sɛr trɔpikal]
cuidar de …	s'occuper de …	[sɔkype də]
piscina (f)	piscine (f)	[pisin]
academia (f) de ginástica	salle (f) de gym	[sal də ʒim]
quadra (f) de tênis	court (m) de tennis	[kur də tenis]
cinema (m)	salle (f) de cinéma	[sal də sinema]
garagem (f)	garage (m)	[garaʒ]
propriedade (f) privada	propriété (f) privée	[prɔprijete prive]
terreno (m) privado	terrain (m) privé	[tɛrɛ̃ prive]
advertência (f)	avertissement (m)	[avɛrtismã]
sinal (m) de aviso	panneau (m) d'avertissement	[pano davɛrtismã]
guarda (f)	sécurité (f)	[sekyrite]
guarda (m)	agent (m) de sécurité	[aʒã də sekyrite]
alarme (m)	alarme (f) antivol	[alarm ãtivɔl]

63. Apartamento

apartamento (m)	appartement (m)	[apartəmã]
quarto, cômodo (m)	chambre (f)	[ʃãbr]

quarto (m) de dormir	chambre (f) à coucher	[ʃɑ̃br a kuʃe]
sala (f) de jantar	salle (f) à manger	[sal a mɑ̃ʒe]
sala (f) de estar	salon (m)	[salɔ̃]
escritório (m)	bureau (m)	[byro]

sala (f) de entrada	antichambre (f)	[ɑ̃tiʃɑ̃br]
banheiro (m)	salle (f) de bains	[sal də bɛ̃]
lavabo (m)	toilettes (f pl)	[twalɛt]

teto (m)	plafond (m)	[plafɔ̃]
chão, piso (m)	plancher (m)	[plɑ̃ʃe]
canto (m)	coin (m)	[kwɛ̃]

64. Mobiliário. Interior

mobiliário (m)	meubles (m pl)	[mœbl]
mesa (f)	table (f)	[tabl]
cadeira (f)	chaise (f)	[ʃɛz]
cama (f)	lit (m)	[li]
sofá, divã (m)	canapé (m)	[kanape]
poltrona (f)	fauteuil (m)	[fotœj]

| estante (f) | bibliothèque (f) | [biblijɔtɛk] |
| prateleira (f) | rayon (m) | [rɛjɔ̃] |

guarda-roupas (m)	armoire (f)	[armwar]
cabide (m) de parede	patère (f)	[patɛr]
cabideiro (m) de pé	portemanteau (m)	[pɔrtmɑ̃to]

| cômoda (f) | commode (f) | [kɔmɔd] |
| mesinha (f) de centro | table (f) basse | [tabl bas] |

espelho (m)	miroir (m)	[mirwar]
tapete (m)	tapis (m)	[tapi]
tapete (m) pequeno	petit tapis (m)	[pəti tapi]

lareira (f)	cheminée (f)	[ʃəmine]
vela (f)	bougie (f)	[buʒi]
castiçal (m)	chandelier (m)	[ʃɑ̃dəlje]

cortinas (f pl)	rideaux (m pl)	[rido]
papel (m) de parede	papier (m) peint	[papje pɛ̃]
persianas (f pl)	jalousie (f)	[ʒaluzi]

| luminária (f) de mesa | lampe (f) de table | [lɑ̃p də tabl] |
| luminária (f) de parede | applique (f) | [aplik] |

| abajur (m) de pé | lampadaire (m) | [lɑ̃padɛr] |
| lustre (m) | lustre (m) | [lystr] |

pé (de mesa, etc.)	pied (m)	[pje]
braço, descanso (m)	accoudoir (m)	[akudwar]
costas (f pl)	dossier (m)	[dosje]
gaveta (f)	tiroir (m)	[tirwar]

65. Quarto de dormir

roupa (f) de cama	linge (m) de lit	[lɛ̃ʒ də li]
travesseiro (m)	oreiller (m)	[ɔrɛje]
fronha (f)	taie (f) d'oreiller	[tɛ dɔrɛje]
cobertor (m)	couverture (f)	[kuvɛrtyr]
lençol (m)	drap (m)	[dra]
colcha (f)	couvre-lit (m)	[kuvrəli]

66. Cozinha

cozinha (f)	cuisine (f)	[kɥizin]
gás (m)	gaz (m)	[gaz]
fogão (m) a gás	cuisinière (f) à gaz	[kɥizinjɛr a gaz]
fogão (m) elétrico	cuisinière (f) électrique	[kɥizinjɛr elɛktrik]
forno (m)	four (m)	[fur]
forno (m) de micro-ondas	four (m) micro-ondes	[fur mikrɔɔ̃d]

geladeira (f)	réfrigérateur (m)	[refriʒeratœr]
congelador (m)	congélateur (m)	[kɔ̃ʒelatœr]
máquina (f) de lavar louça	lave-vaisselle (m)	[lavvesɛl]

moedor (m) de carne	hachoir (m)	[aʃwar]
espremedor (m)	centrifugeuse (f)	[sãtrifyʒøz]
torradeira (f)	grille-pain (m)	[grijpɛ̃]
batedeira (f)	batteur (m)	[batœr]

máquina (f) de café	machine (f) à café	[maʃin a kafe]
cafeteira (f)	cafetière (f)	[kaftjɛr]
moedor (m) de café	moulin (m) à café	[mulɛ̃ a kafe]

chaleira (f)	bouilloire (f)	[bujwar]
bule (m)	théière (f)	[tejɛr]
tampa (f)	couvercle (m)	[kuvɛrkl]
coador (m) de chá	passoire (f) à thé	[pɑswar a te]

colher (f)	cuillère (f)	[kɥijɛr]
colher (f) de chá	petite cuillère (f)	[pətit kɥijɛr]
colher (f) de sopa	cuillère (f) à soupe	[kɥijɛr a sup]
garfo (m)	fourchette (f)	[furʃɛt]
faca (f)	couteau (m)	[kuto]

louça (f)	vaisselle (f)	[vesɛl]
prato (m)	assiette (f)	[asjɛt]
pires (m)	soucoupe (f)	[sukup]

cálice (m)	verre (m) à shot	[vɛr a ʃot]
copo (m)	verre (m)	[vɛr]
xícara (f)	tasse (f)	[tɑs]

açucareiro (m)	sucrier (m)	[sykrije]
saleiro (m)	salière (f)	[saljɛr]
pimenteiro (m)	poivrière (f)	[pwavrijɛr]

manteigueira (f)	beurrier (m)	[bœrje]
panela (f)	casserole (f)	[kasrɔl]
frigideira (f)	poêle (f)	[pwal]
concha (f)	louche (f)	[luʃ]
coador (m)	passoire (f)	[pɑswar]
bandeja (f)	plateau (m)	[plato]

garrafa (f)	bouteille (f)	[butɛj]
pote (m) de vidro	bocal (m)	[bɔkal]
lata (~ de cerveja)	boîte (f) en fer-blanc	[bwat ɑ̃ fɛrblɑ̃]

abridor (m) de garrafa	ouvre-bouteille (m)	[uvrəbutɛj]
abridor (m) de latas	ouvre-boîte (m)	[uvrəbwat]
saca-rolhas (m)	tire-bouchon (m)	[tirbuʃɔ̃]
filtro (m)	filtre (m)	[filtr]
filtrar (vt)	filtrer (vt)	[filtre]

| lixo (m) | ordures (f pl) | [ɔrdyr] |
| lixeira (f) | poubelle (f) | [pubɛl] |

67. Casa de banho

banheiro (m)	salle (f) de bains	[sal də bɛ̃]
água (f)	eau (f)	[o]
torneira (f)	robinet (m)	[rɔbinɛ]
água (f) quente	eau (f) chaude	[o ʃod]
água (f) fria	eau (f) froide	[o frwad]

pasta (f) de dente	dentifrice (m)	[dɑ̃tifris]
escovar os dentes	se brosser les dents	[sə brɔse le dɑ̃]
escova (f) de dente	brosse (f) à dents	[brɔs ɑ dɑ̃]

barbear-se (vr)	se raser (vp)	[sə raze]
espuma (f) de barbear	mousse (f) à raser	[mus ɑ raze]
gilete (f)	rasoir (m)	[razwar]

lavar (vt)	laver (vt)	[lave]
tomar banho	se laver (vp)	[sə lave]
chuveiro (m), ducha (f)	douche (f)	[duʃ]
tomar uma ducha	prendre une douche	[prɑ̃dr yn duʃ]

banheira (f)	baignoire (f)	[bɛɲwar]
vaso (m) sanitário	cuvette (f)	[kyvɛt]
pia (f)	lavabo (m)	[lavabo]

| sabonete (m) | savon (m) | [savɔ̃] |
| saboneteira (f) | porte-savon (m) | [pɔrtsavɔ̃] |

esponja (f)	éponge (f)	[epɔ̃ʒ]
xampu (m)	shampooing (m)	[ʃɑ̃pwɛ̃]
toalha (f)	serviette (f)	[sɛrvjɛt]
roupão (m) de banho	peignoir (m) de bain	[pɛɲwar də bɛ̃]
lavagem (f)	lessive (f)	[lɛsiv]
lavadora (f) de roupas	machine (f) à laver	[maʃin ɑ lave]

| lavar a roupa | **faire la lessive** | [fɛr la lɛsiv] |
| detergente (m) | **lessive** (f) | [lɛsiv] |

68. Eletrodomésticos

televisor (m)	**télé** (f)	[tele]
gravador (m)	**magnétophone** (m)	[maɲetɔfɔn]
videogravador (m)	**magnétoscope** (m)	[maɲetɔskɔp]
rádio (m)	**radio** (f)	[radjo]
leitor (m)	**lecteur** (m)	[lɛktœr]

projetor (m)	**vidéoprojecteur** (m)	[videɔprɔʒɛktœr]
cinema (m) em casa	**home cinéma** (m)	[həʊm sinema]
DVD Player (m)	**lecteur DVD** (m)	[lɛktœr devede]
amplificador (m)	**amplificateur** (m)	[ãplifikatœr]
console (f) de jogos	**console** (f) **de jeux**	[kõsɔl də ʒø]

câmera (f) de vídeo	**caméscope** (m)	[kameskɔp]
máquina (f) fotográfica	**appareil** (m) **photo**	[aparɛj foto]
câmera (f) digital	**appareil** (m) **photo numérique**	[aparɛj foto nymerik]

aspirador (m)	**aspirateur** (m)	[aspiratœr]
ferro (m) de passar	**fer** (m) **à repasser**	[fɛr ɑ rəpase]
tábua (f) de passar	**planche** (f) **à repasser**	[plãʃ ɑ rəpase]

telefone (m)	**téléphone** (m)	[telefɔn]
celular (m)	**portable** (m)	[pɔrtabl]
máquina (f) de escrever	**machine** (f) **à écrire**	[maʃin ɑ ekrir]
máquina (f) de costura	**machine** (f) **à coudre**	[maʃin ɑ kudr]

microfone (m)	**micro** (m)	[mikro]
fone (m) de ouvido	**écouteurs** (m pl)	[ekutœr]
controle remoto (m)	**télécommande** (f)	[telekɔmãd]

CD (m)	**CD** (m)	[sede]
fita (f) cassete	**cassette** (f)	[kasɛt]
disco (m) de vinil	**disque** (m) **vinyle**	[disk vinil]

ATIVIDADES HUMANAS

Emprego. Negócios. Parte 1

69. Escritório. O trabalho no escritório

escritório (~ de advogados)	bureau (m)	[byro]
escritório (do diretor, etc.)	bureau (m)	[byro]
recepção (f)	accueil (m)	[akœj]
secretário (m)	secrétaire (m)	[səkretɛr]
secretária (f)	secrétaire (f)	[səkretɛr]
diretor (m)	directeur (m)	[dirɛktœr]
gerente (m)	manager (m)	[manadʒœr]
contador (m)	comptable (m)	[kõtabl]
empregado (m)	collaborateur (m)	[kɔlabɔratœr]
mobiliário (m)	meubles (m pl)	[mœbl]
mesa (f)	bureau (m)	[byro]
cadeira (f)	fauteuil (m)	[fotœj]
gaveteiro (m)	classeur (m) à tiroirs	[klasœr ɑ tirwar]
cabideiro (m) de pé	portemanteau (m)	[pɔrtmãto]
computador (m)	ordinateur (m)	[ɔrdinatœr]
impressora (f)	imprimante (f)	[ɛ̃primãt]
fax (m)	fax (m)	[faks]
fotocopiadora (f)	copieuse (f)	[kɔpjøz]
papel (m)	papier (m)	[papje]
artigos (m pl) de escritório	papeterie (f)	[papɛtri]
tapete (m) para mouse	tapis (m) de souris	[tapi də suri]
folha (f)	feuille (f)	[fœj]
pasta (f)	classeur (m)	[klasœr]
catálogo (m)	catalogue (m)	[katalɔg]
lista (f) telefônica	annuaire (m)	[anɥɛr]
documentação (f)	documents (m pl)	[dɔkymã]
brochura (f)	brochure (f)	[brɔʃyr]
panfleto (m)	prospectus (m)	[prɔspɛktys]
amostra (f)	échantillon (m)	[eʃãtijõ]
formação (f)	formation (f)	[fɔrmasjõ]
reunião (f)	réunion (f)	[reynjõ]
hora (f) de almoço	pause (f) déjeuner	[poz deʒœne]
fazer uma cópia	faire une copie	[fɛr yn kɔpi]
tirar cópias	faire des copies	[fɛr de kɔpi]
receber um fax	recevoir un fax	[rəsəvwar œ̃ faks]
enviar um fax	envoyer un fax	[ãvwaje œ̃ faks]

fazer uma chamada	**téléphoner, appeler**	[telefɔne], [aple]
responder (vt)	**répondre** (vi, vt)	[repɔ̃dr]
passar (vt)	**passer** (vt)	[pɑse]
marcar (vt)	**fixer** (vt)	[fikse]
demonstrar (vt)	**montrer** (vt)	[mɔ̃tre]
estar ausente	**être absent**	[ɛtr apsɑ̃]
ausência (f)	**absence** (f)	[apsɑ̃s]

70. Processos negociais. Parte 1

negócio (m)	**affaire** (f)	[afɛr]
ocupação (f)	**métier** (m)	[metje]
firma, empresa (f)	**firme** (f), **société** (f)	[firm], [sɔsjete]
companhia (f)	**compagnie** (f)	[kɔ̃paɲi]
corporação (f)	**corporation** (f)	[kɔrpɔrasjɔ̃]
empresa (f)	**entreprise** (f)	[ɑ̃trœpriz]
agência (f)	**agence** (f)	[aʒɑ̃s]
acordo (documento)	**accord** (m)	[akɔr]
contrato (m)	**contrat** (m)	[kɔ̃tra]
acordo (transação)	**marché** (m)	[marʃe]
pedido (m)	**commande** (f)	[kɔmɑ̃d]
termos (m pl)	**terme** (m)	[tɛrm]
por atacado	**en gros** (adv)	[ɑ̃ gro]
por atacado (adj)	**en gros** (adj)	[ɑ̃ gro]
venda (f) por atacado	**vente** (f) **en gros**	[vɑ̃t ɑ̃ gro]
a varejo	**au détail** (adj)	[odetaj]
venda (f) a varejo	**vente** (f) **au détail**	[vɑ̃t o detaj]
concorrente (m)	**concurrent** (m)	[kɔ̃kyrɑ̃]
concorrência (f)	**concurrence** (f)	[kɔ̃kyrɑ̃s]
competir (vi)	**concurrencer** (vt)	[kɔ̃kyrɑ̃se]
sócio (m)	**associé** (m)	[asɔsje]
parceria (f)	**partenariat** (m)	[partənarja]
crise (f)	**crise** (f)	[kriz]
falência (f)	**faillite** (f)	[fajit]
entrar em falência	**faire faillite**	[fɛr fajit]
dificuldade (f)	**difficulté** (f)	[difikylte]
problema (m)	**problème** (m)	[prɔblɛm]
catástrofe (f)	**catastrophe** (f)	[katastrɔf]
economia (f)	**économie** (f)	[ekɔnɔmi]
econômico (adj)	**économique** (adj)	[ekɔnɔmik]
recessão (f) econômica	**baisse** (f) **économique**	[bɛs ekɔnɔmik]
objetivo (m)	**but** (m)	[byt]
tarefa (f)	**objectif** (m)	[ɔbʒɛktif]
comerciar (vi, vt)	**faire du commerce**	[fɛr dy kɔmɛrs]
rede (de distribuição)	**réseau** (m)	[rezo]

estoque (m)	inventaire (m)	[ɛ̃vɑ̃tɛr]
sortimento (m)	assortiment (m)	[asɔrtimɑ̃]
líder (m)	leader (m)	[lidœr]
grande (~ empresa)	grand, grande (adj)	[grɑ̃, grɑ̃d]
monopólio (m)	monopole (m)	[mɔnɔpɔl]
teoria (f)	théorie (f)	[teɔri]
prática (f)	pratique (f)	[pratik]
experiência (f)	expérience (f)	[ɛksperjɑ̃s]
tendência (f)	tendance (f)	[tɑ̃dɑ̃s]
desenvolvimento (m)	développement (m)	[devlɔpmɑ̃]

71. Processos negociais. Parte 2

rentabilidade (f)	rentabilité (m)	[rɑ̃tabilite]
rentável (adj)	rentable (adj)	[rɑ̃tabl]
delegação (f)	délégation (f)	[delegasjɔ̃]
salário, ordenado (m)	salaire (m)	[salɛr]
corrigir (~ um erro)	corriger (vt)	[kɔriʒe]
viagem (f) de negócios	voyage (m) d'affaires	[vwajaʒ dafɛr]
comissão (f)	commission (f)	[kɔmisjɔ̃]
controlar (vt)	contrôler (vt)	[kɔ̃trole]
conferência (f)	conférence (f)	[kɔ̃ferɑ̃s]
licença (f)	licence (f)	[lisɑ̃s]
confiável (adj)	fiable (adj)	[fjabl]
empreendimento (m)	initiative (f)	[inisjativ]
norma (f)	norme (f)	[nɔrm]
circunstância (f)	circonstance (f)	[sirkɔ̃stɑ̃s]
dever (do empregado)	fonction (f)	[fɔ̃ksjɔ̃]
empresa (f)	entreprise (f)	[ɑ̃trœpriz]
organização (f)	organisation (f)	[ɔrganizasjɔ̃]
organizado (adj)	organisé (adj)	[ɔrganize]
anulação (f)	annulation (f)	[anylasjɔ̃]
anular, cancelar (vt)	annuler (vt)	[anyle]
relatório (m)	rapport (m)	[rapɔr]
patente (f)	brevet (m)	[brəvɛ]
patentear (vt)	breveter (vt)	[brəvte]
planejar (vt)	planifier (vt)	[planifje]
bônus (m)	prime (f)	[prim]
profissional (adj)	professionnel (adj)	[prɔfɛsjɔnɛl]
procedimento (m)	procédure (f)	[prɔsedyr]
examinar (~ a questão)	examiner (vt)	[ɛgzamine]
cálculo (m)	calcul (m)	[kalkyl]
reputação (f)	réputation (f)	[repytasjɔ̃]
risco (m)	risque (m)	[risk]
dirigir (~ uma empresa)	diriger (vt)	[diriʒe]

informação (f)	renseignements (m pl)	[rãsɛɲəmã]
propriedade (f)	propriété (f)	[prɔprijete]
união (f)	union (f)	[ynjɔ̃]

seguro (m) de vida	assurance vie (f)	[asyrãs vi]
fazer um seguro	assurer (vt)	[asyre]
seguro (m)	assurance (f)	[asyrãs]

leilão (m)	enchères (f pl)	[ãʃɛr]
notificar (vt)	notifier (vt)	[nɔtifje]
gestão (f)	gestion (f)	[ʒɛstjɔ̃]
serviço (indústria de ~s)	service (m)	[sɛrvis]

fórum (m)	forum (m)	[fɔrɔm]
funcionar (vi)	fonctionner (vi)	[fɔ̃ksjɔne]
estágio (m)	étape (f)	[etap]
jurídico, legal (adj)	juridique (adj)	[ʒyridik]
advogado (m)	juriste (m)	[ʒyrist]

72. Produção. Trabalhos

usina (f)	usine (f)	[yzin]
fábrica (f)	fabrique (f)	[fabrik]
oficina (f)	atelier (m)	[atəlje]
local (m) de produção	site (m) de production	[sit də prɔdyksjɔ̃]

indústria (f)	industrie (f)	[ɛ̃dystri]
industrial (adj)	industriel (adj)	[ɛ̃dystrijɛl]
indústria (f) pesada	industrie (f) lourde	[ɛ̃dystri lurd]
indústria (f) ligeira	industrie (f) légère	[ɛ̃dystri leʒɛr]

produção (f)	produit (m)	[prɔdyi]
produzir (vt)	produire (vt)	[prɔdɥir]
matérias-primas (f pl)	matières (f pl) premières	[matjɛr prəmjɛr]

chefe (m) de obras	chef (m) d'équipe	[ʃɛf dekip]
equipe (f)	équipe (f) d'ouvriers	[ekip duvrije]
operário (m)	ouvrier (m)	[uvrije]

dia (m) de trabalho	jour (m) ouvrable	[ʒur uvrabl]
intervalo (m)	pause (f)	[poz]
reunião (f)	réunion (f)	[reynjɔ̃]
discutir (vt)	discuter (vt)	[diskyte]

plano (m)	plan (m)	[plã]
cumprir o plano	accomplir le plan	[akɔ̃plir lə plã]
taxa (f) de produção	norme (f) de production	[nɔrm də prɔdyksjɔ̃]
qualidade (f)	qualité (f)	[kalite]
controle (m)	contrôle (m)	[kɔ̃trol]
controle (m) da qualidade	contrôle (m) qualité	[kɔ̃trol kalite]

segurança (f) no trabalho	sécurité (f) de travail	[sekyrite də travaj]
disciplina (f)	discipline (f)	[disiplin]
infração (f)	infraction (f)	[ɛ̃fraksjɔ̃]

violar (as regras)	violer (vt)	[vjɔle]
greve (f)	grève (f)	[grɛv]
grevista (m)	gréviste (m)	[grevist]
estar em greve	faire grève	[fɛr grɛv]
sindicato (m)	syndicat (m)	[sɛ̃dika]

inventar (vt)	inventer (vt)	[ɛ̃vɑ̃te]
invenção (f)	invention (f)	[ɛ̃vɑ̃sjɔ̃]
pesquisa (f)	recherche (f)	[rəʃɛrʃ]
melhorar (vt)	améliorer (vt)	[ameljɔre]
tecnologia (f)	technologie (f)	[tɛknɔlɔʒi]
desenho (m) técnico	dessin (m) technique	[desɛ̃ tɛknik]

carga (f)	charge (f)	[ʃarʒ]
carregador (m)	chargeur (m)	[ʃarʒœr]
carregar (o caminhão, etc.)	charger (vt)	[ʃarʒe]
carregamento (m)	chargement (m)	[ʃarʒəmɑ̃]
descarregar (vt)	décharger (vt)	[deʃarʒe]
descarga (f)	déchargement (m)	[deʃarʒəmɑ̃]

transporte (m)	transport (m)	[trɑ̃spɔr]
companhia (f) de transporte	compagnie (f) de transport	[kɔ̃paɲi də trɑ̃spɔr]
transportar (vt)	transporter (vt)	[trɑ̃spɔrte]

vagão (m) de carga	wagon (m) de marchandise	[vagɔ̃ də marʃɑ̃diz]
tanque (m)	citerne (f)	[sitɛrn]
caminhão (m)	camion (m)	[kamjɔ̃]

máquina (f) operatriz	machine-outil (f)	[maʃinuti]
mecanismo (m)	mécanisme (m)	[mekanism]

resíduos (m pl) industriais	déchets (m pl)	[deʃɛ]
embalagem (f)	emballage (m)	[ɑ̃balaʒ]
embalar (vt)	emballer (vt)	[ɑ̃bale]

73. Contrato. Acordo

contrato (m)	contrat (m)	[kɔ̃tra]
acordo (m)	accord (m)	[akɔr]
adendo, anexo (m)	annexe (f)	[anɛks]

assinar o contrato	signer un contrat	[siɲe œ̃ kɔ̃tra]
assinatura (f)	signature (f)	[siɲatyr]
assinar (vt)	signer (vt)	[siɲe]
carimbo (m)	cachet (m)	[kaʃe]

objeto (m) do contrato	objet (m) du contrat	[ɔbʒɛ dy kɔ̃tra]
cláusula (f)	clause (f)	[kloz]
partes (f pl)	côtés (m pl)	[kote]
domicílio (m) legal	adresse (f) légale	[adrɛs legal]

violar o contrato	violer l'accord	[vjɔle lakɔr]
obrigação (f)	obligation (f)	[ɔbligasjɔ̃]
responsabilidade (f)	responsabilité (f)	[rɛspɔ̃sabilite]

força (f) maior	force (f) majeure	[fɔrs maʒœr]
litígio (m), disputa (f)	litige (m)	[litiʒ]
multas (f pl)	pénalités (f pl)	[penalite]

74. Importação & Exportação

importação (f)	importation (f)	[ɛ̃pɔrtasjɔ̃]
importador (m)	importateur (m)	[ɛ̃pɔrtatœr]
importar (vt)	importer (vt)	[ɛ̃pɔrte]
de importação	d'importation	[dɛ̃pɔrtasjɔ̃]

exportação (f)	exportation (f)	[ɛkspɔrtasjɔ̃]
exportador (m)	exportateur (m)	[ɛkspɔrtatœr]
exportar (vt)	exporter (vt)	[ɛkspɔrte]
de exportação	à l'export	[a lɛkspɔr]

mercadoria (f)	marchandise (f)	[marʃɑ̃diz]
lote (de mercadorias)	lot (m) de marchandises	[lo də marʃɑ̃diz]

peso (m)	poids (m)	[pwa]
volume (m)	volume (m)	[vɔlym]
metro (m) cúbico	mètre (m) cube	[mɛtr kyb]

produtor (m)	producteur (m)	[prɔdyktœr]
companhia (f) de transporte	compagnie (f) de transport	[kɔ̃paɲi də trɑ̃spɔr]
contêiner (m)	container (m)	[kɔ̃tɛnɛr]

fronteira (f)	frontière (f)	[frɔ̃tjɛr]
alfândega (f)	douane (f)	[dwan]
taxa (f) alfandegária	droit (m) de douane	[drwa də dwan]
funcionário (m) da alfândega	douanier (m)	[dwanje]
contrabando (atividade)	contrebande (f)	[kɔ̃trəbɑ̃d]
contrabando (produtos)	contrebande (f)	[kɔ̃trəbɑ̃d]

75. Finanças

ação (f)	action (f)	[aksjɔ̃]
obrigação (f)	obligation (f)	[ɔbligasjɔ̃]
nota (f) promissória	lettre (f) de change	[lɛtr də ʃɑ̃ʒ]

bolsa (f) de valores	bourse (f)	[burs]
cotação (m) das ações	cours (m) d'actions	[kur daksjɔ̃]

tornar-se mais barato	baisser (vi)	[bese]
tornar-se mais caro	augmenter (vi)	[ogmɑ̃te]

parte (f)	part (f)	[par]
participação (f) majoritária	participation (f) de contrôle	[partisipɑsjɔ̃ də kɔ̃trol]

investimento (m)	investissements (m pl)	[ɛ̃vɛstismã]
investir (vt)	investir (vt)	[ɛ̃vɛstir]
porcentagem (f)	pour-cent (m)	[pursã]

juros (m pl)	intérêts (m pl)	[ɛ̃tɛrɛ]
lucro (m)	profit (m)	[prɔfi]
lucrativo (adj)	profitable (adj)	[prɔfitabl]
imposto (m)	impôt (m)	[ɛ̃po]
divisa (f)	devise (f)	[dəviz]
nacional (adj)	national (adj)	[nasjɔnal]
câmbio (m)	échange (m)	[eʃɑ̃ʒ]
contador (m)	comptable (m)	[kɔ̃tabl]
contabilidade (f)	comptabilité (f)	[kɔ̃tabilite]
falência (f)	faillite (f)	[fajit]
falência, quebra (f)	krach (m)	[krak]
ruína (f)	ruine (f)	[rɥin]
estar quebrado	se ruiner (vp)	[sə rɥine]
inflação (f)	inflation (f)	[ɛ̃flasjɔ̃]
desvalorização (f)	dévaluation (f)	[devalɥasjɔ̃]
capital (m)	capital (m)	[kapital]
rendimento (m)	revenu (m)	[rəvəny]
volume (m) de negócios	chiffre (m) d'affaires	[ʃifr dafɛr]
recursos (m pl)	ressources (f pl)	[rəsurs]
recursos (m pl) financeiros	moyens (m pl) financiers	[mwajɛ̃ finɑ̃sje]
despesas (f pl) gerais	frais (m pl) généraux	[frɛ ʒenerø]
reduzir (vt)	réduire (vt)	[redɥir]

76. Marketing

marketing (m)	marketing (m)	[marketiŋ]
mercado (m)	marché (m)	[marʃe]
segmento (m) do mercado	segment (m) du marché	[sɛgmɑ̃ dy marʃe]
produto (m)	produit (m)	[prɔdyi]
mercadoria (f)	marchandise (f)	[marʃɑ̃diz]
marca (f)	marque (f) de fabrique	[mark də fabrik]
marca (f) registrada	marque (f) déposée	[mark depoze]
logotipo (m)	logotype (m)	[lɔgɔtip]
logo (m)	logo (m)	[logo]
demanda (f)	demande (f)	[dəmɑ̃d]
oferta (f)	offre (f)	[ɔfr]
necessidade (f)	besoin (m)	[bəzwɛ̃]
consumidor (m)	consommateur (m)	[kɔ̃sɔmatœr]
análise (f)	analyse (f)	[analiz]
analisar (vt)	analyser (vt)	[analize]
posicionamento (m)	positionnement (m)	[pozisjɔnmɑ̃]
posicionar (vt)	positionner (vt)	[pozisjɔne]
preço (m)	prix (m)	[pri]
política (f) de preços	politique (f) des prix	[politik de pri]
formação (f) de preços	formation (f) des prix	[fɔrmasjɔ̃ de pri]

77. Publicidade

publicidade (f)	publicité (f), pub (f)	[pyblisite], [pyb]
fazer publicidade	faire de la publicité	[fɛr də la pyblisite]
orçamento (m)	budget (m)	[bydʒɛ]
anúncio (m)	annonce (f), pub (f)	[anɔ̃s], [pyb]
publicidade (f) na TV	publicité (f) à la télévision	[pyblisite ala televizjɔ̃]
publicidade (f) na rádio	publicité (f) à la radio	[pyblisite ala radjo]
publicidade (f) exterior	publicité (f) extérieure	[pyblisite ɛksterjœr]
comunicação (f) de massa	mass média (m pl)	[masmedja]
periódico (m)	périodique (m)	[perjɔdik]
imagem (f)	image (f)	[imaʒ]
slogan (m)	slogan (m)	[slɔgɑ̃]
mote (m), lema (f)	devise (f)	[dəviz]
campanha (f)	campagne (f)	[kɑ̃paɲ]
campanha (f) publicitária	campagne (f) publicitaire	[kɑ̃paɲ pyblisitɛr]
grupo (m) alvo	public (m) cible	[pyblik sibl]
cartão (m) de visita	carte (f) de visite	[kart də vizit]
panfleto (m)	prospectus (m)	[prɔspɛktys]
brochura (f)	brochure (f)	[brɔʃyr]
folheto (m)	dépliant (m)	[deplijɑ̃]
boletim (~ informativo)	bulletin (m)	[byltɛ̃]
letreiro (m)	enseigne (f)	[ɑ̃sɛɲ]
cartaz, pôster (m)	poster (m)	[pɔstɛr]
painel (m) publicitário	panneau-réclame (m)	[pano reklam]

78. Banca

banco (m)	banque (f)	[bɑ̃k]
balcão (f)	agence (f) bancaire	[aʒɑ̃s bɑ̃kɛr]
consultor (m) bancário	conseiller (m)	[kɔ̃seje]
gerente (m)	gérant (m)	[ʒerɑ̃]
conta (f)	compte (m)	[kɔ̃t]
número (m) da conta	numéro (m) du compte	[nymero dy kɔ̃t]
conta (f) corrente	compte (m) courant	[kɔ̃t kurɑ̃]
conta (f) poupança	compte (m) sur livret	[kɔ̃t syr livrɛ]
abrir uma conta	ouvrir un compte	[uvrir œ̃ kɔ̃t]
fechar uma conta	clôturer le compte	[klotyre lə kɔ̃t]
depositar na conta	verser dans le compte	[vɛrse dɑ̃ lə kɔ̃t]
sacar (vt)	retirer du compte	[rətire dy kɔ̃t]
depósito (m)	dépôt (m)	[depo]
fazer um depósito	faire un dépôt	[fɛr œ̃ depo]
transferência (f) bancária	virement (m) bancaire	[virmɑ̃ bɑ̃kɛr]

transferir (vt)	faire un transfert	[fɛr œ̃ trɑ̃sfɛr]
soma (f)	somme (f)	[sɔm]
Quanto?	Combien?	[kɔ̃bjɛ̃]

| assinatura (f) | signature (f) | [siɲatyr] |
| assinar (vt) | signer (vt) | [siɲe] |

cartão (m) de crédito	carte (f) de crédit	[kart də kredi]
senha (f)	code (m)	[kɔd]
número (m) do cartão de crédito	numéro (m) de carte de crédit	[nymero də kart də kredi]
caixa (m) eletrônico	distributeur (m)	[distribytœr]

cheque (m)	chèque (m)	[ʃɛk]
passar um cheque	faire un chèque	[fɛr œ̃ ʃɛk]
talão (m) de cheques	chéquier (m)	[ʃekje]

empréstimo (m)	crédit (m)	[kredi]
pedir um empréstimo	demander un crédit	[dəmɑ̃de œ̃ kredi]
obter empréstimo	prendre un crédit	[prɑ̃dr œ̃ kredi]
dar um empréstimo	accorder un crédit	[akɔrde œ̃ kredi]
garantia (f)	gage (m)	[gaʒ]

79. Telefone. Conversação telefônica

telefone (m)	téléphone (m)	[telefɔn]
celular (m)	portable (m)	[pɔrtabl]
secretária (f) eletrônica	répondeur (m)	[repɔ̃dœr]

| fazer uma chamada | téléphoner, appeler | [telefɔne], [aple] |
| chamada (f) | appel (m) | [apɛl] |

discar um número	composer le numéro	[kɔ̃poze lə nymero]
Alô!	Allô!	[alo]
perguntar (vt)	demander (vt)	[dəmɑ̃de]
responder (vt)	répondre (vi, vt)	[repɔ̃dr]

ouvir (vt)	entendre (vt)	[ɑ̃tɑ̃dr]
bem	bien (adv)	[bjɛ̃]
mal	mal (adv)	[mal]
ruído (m)	bruits (m pl)	[brɥi]

fone (m)	récepteur (m)	[resɛptœr]
pegar o telefone	décrocher (vt)	[dekrɔʃe]
desligar (vi)	raccrocher (vi)	[rakrɔʃe]

ocupado (adj)	occupé (adj)	[ɔkype]
tocar (vi)	sonner (vi)	[sɔ̃]
lista (f) telefônica	carnet (m) de téléphone	[karnɛ də telefɔn]
local (adj)	local (adj)	[lɔkal]
chamada (f) local	appel (m) local	[apɛl lɔkal]
de longa distância	interurbain (adj)	[ɛ̃tɛryrbɛ̃]
chamada (f) de longa distância	appel (m) interurbain	[apɛl ɛ̃tɛryrbɛ̃]

| internacional (adj) | international (adj) | [ɛ̃tɛrnasjɔnal] |
| chamada (f) internacional | appel (m) international | [apɛl ɛ̃tɛrnasjɔnal] |

80. Telefone móvel

celular (m)	portable (m)	[pɔrtabl]
tela (f)	écran (m)	[ekrɑ̃]
botão (m)	bouton (m)	[butɔ̃]
cartão SIM (m)	carte SIM (f)	[kart sim]

bateria (f)	pile (f)	[pil]
descarregar-se (vr)	être déchargé	[ɛtr deʃarʒe]
carregador (m)	chargeur (m)	[ʃarʒœr]

| menu (m) | menu (m) | [məny] |
| configurações (f pl) | réglages (m pl) | [reglaʒ] |

| melodia (f) | mélodie (f) | [melɔdi] |
| escolher (vt) | sélectionner (vt) | [selɛksjɔne] |

calculadora (f)	calculatrice (f)	[kalkylatris]
correio (m) de voz	répondeur (m)	[repɔ̃dœr]
despertador (m)	réveil (m)	[revɛj]
contatos (m pl)	contacts (m pl)	[kɔ̃takt]

| mensagem (f) de texto | SMS (m) | [esemes] |
| assinante (m) | abonné (m) | [abɔne] |

81. Estacionário

| caneta (f) | stylo (m) à bille | [stilo ɑ bij] |
| caneta (f) tinteiro | stylo (m) à plume | [stilo ɑ plym] |

lápis (m)	crayon (m)	[krɛjɔ̃]
marcador (m) de texto	marqueur (m)	[markœr]
caneta (f) hidrográfica	feutre (m)	[føtr]

| bloco (m) de notas | bloc-notes (m) | [blɔknɔt] |
| agenda (f) | agenda (m) | [aʒɛ̃da] |

régua (f)	règle (f)	[rɛgl]
calculadora (f)	calculatrice (f)	[kalkylatris]
borracha (f)	gomme (f)	[gɔm]

| alfinete (m) | punaise (f) | [pynɛz] |
| clipe (m) | trombone (m) | [trɔ̃bɔn] |

| cola (f) | colle (f) | [kɔl] |
| grampeador (m) | agrafeuse (f) | [agraføz] |

| furador (m) de papel | perforateur (m) | [pɛrfɔratœr] |
| apontador (m) | taille-crayon (m) | [tajkrɛjɔ̃] |

82. Tipos de negócios

serviços (m pl) de contabilidade	services (m pl) comptables	[sɛrvis kõtabl]
publicidade (f)	publicité (f), pub (f)	[pyblisite], [pyb]
agência (f) de publicidade	agence (f) publicitaire	[aʒãs pyblisitɛr]
ar (m) condicionado	climatisation (m)	[klimatizasjõ]
companhia (f) aérea	compagnie (f) aérienne	[kõpaɲi aerjɛn]
bebidas (f pl) alcoólicas	boissons (f pl) alcoolisées	[bwasõ alkɔlize]
comércio (m) de antiguidades	antiquités (f pl)	[ãtikite]
galeria (f) de arte	galerie (f) d'art	[galri dar]
serviços (m pl) de auditoria	services (m pl) d'audition	[sɛrvis dodisjõ]
negócios (m pl) bancários	banques (f pl)	[bãk]
bar (m)	bar (m)	[bar]
salão (m) de beleza	salon (m) de beauté	[salõ də bote]
livraria (f)	librairie (f)	[librɛri]
cervejaria (f)	brasserie (f)	[brasri]
centro (m) de escritórios	centre (m) d'affaires	[sãtr dafɛr]
escola (f) de negócios	école (f) de commerce	[ekɔl də kɔmɛrs]
cassino (m)	casino (m)	[kazino]
construção (f)	bâtiment (m)	[batimã]
consultoria (f)	conseil (m)	[kõsɛj]
clínica (f) dentária	dentistes (pl)	[dãtists]
design (m)	design (m)	[dizajn]
drogaria (f)	pharmacie (f)	[farmasi]
lavanderia (f)	pressing (m)	[presiŋ]
agência (f) de emprego	agence (f) de recrutement	[aʒãs də rəkrytmã]
serviços (m pl) financeiros	service (m) financier	[sɛrvis finãsje]
alimentos (m pl)	produits (m pl) alimentaires	[prɔdyi alimãtɛr]
funerária (f)	maison (f) funéraire	[mɛzõ fynerɛr]
mobiliário (m)	meubles (m pl)	[mœbl]
roupa (f)	vêtement (m)	[vɛtmã]
hotel (m)	hôtel (m)	[otɛl]
sorvete (m)	glace (f)	[glas]
indústria (f)	industrie (f)	[ɛ̃dystri]
seguro (~ de vida, etc.)	assurance (f)	[asyrãs]
internet (f)	Internet (m)	[ɛ̃tɛrnɛt]
investimento (m)	investissements (m pl)	[ɛ̃vɛstismã]
joalheiro (m)	bijoutier (m)	[biʒutje]
joias (f pl)	bijouterie (f)	[biʒutri]
lavanderia (f)	blanchisserie (f)	[blãʃisri]
assessorias (f pl) jurídicas	service (m) juridique	[sɛrvis ʒyridik]
indústria (f) ligeira	industrie (f) légère	[ɛ̃dystri leʒɛr]
revista (f)	revue (f)	[rəvy]
vendas (f pl) por catálogo	vente (f) par catalogue	[vãt par katalɔg]
medicina (f)	médecine (f)	[medsin]
cinema (m)	cinéma (m)	[sinema]

museu (m)	musée (m)	[myze]
agência (f) de notícias	agence (f) d'information	[aʒɑ̃s dɛ̃fɔrmasjõ]
jornal (m)	journal (m)	[ʒurnal]
boate (casa noturna)	boîte (f) de nuit	[bwat də nчi]

petróleo (m)	pétrole (m)	[petrɔl]
serviços (m pl) de remessa	coursiers (m pl)	[kursje]
indústria (f) farmacêutica	industrie (f) pharmaceutique	[ɛ̃dystri farmasøtik]
tipografia (f)	imprimerie (f)	[ɛ̃primri]
editora (f)	maison (f) d'édition	[mɛzõ dedisjõ]

rádio (m)	radio (f)	[radjo]
imobiliário (m)	immobilier (m)	[iməbilje, -ɛr]
restaurante (m)	restaurant (m)	[rɛstɔrɑ̃]

empresa (f) de segurança	agence (f) de sécurité	[aʒɑ̃s də sekyrite]
esporte (m)	sport (m)	[spɔr]
bolsa (f) de valores	bourse (f)	[burs]
loja (f)	magasin (m)	[magazɛ̃]
supermercado (m)	supermarché (m)	[sypɛrmarʃe]
piscina (f)	piscine (f)	[pisin]

alfaiataria (f)	atelier (m) de couture	[atəlje də kutyr]
televisão (f)	télévision (f)	[televizjõ]
teatro (m)	théâtre (m)	[teɑtr]
comércio (m)	commerce (m)	[kɔmɛrs]
serviços (m pl) de transporte	sociétés de transport	[sɔsjete trɑ̃spɔr]
viagens (f pl)	tourisme (m)	[turism]

veterinário (m)	vétérinaire (m)	[veterinɛr]
armazém (m)	entrepôt (m)	[ɑ̃trəpo]
recolha (f) do lixo	récupération (f) des déchets	[rekyperasjõ də deʃɛ]

Emprego. Negócios. Parte 2

83. Espetáculo. Feira

feira, exposição (f)	salon (m)	[salɔ̃]
feira (f) comercial	salon (m) commercial	[salɔ̃ kɔmɛrsjal]
participação (f)	participation (f)	[partisipasjɔ̃]
participar (vi)	participer à ...	[partisipe a]
participante (m)	participant (m)	[partisipɑ̃]
diretor (m)	directeur (m)	[dirɛktœr]
direção (f)	direction (f)	[dirɛksjɔ̃]
organizador (m)	organisateur (m)	[ɔrganizatœr]
organizar (vt)	organiser (vt)	[ɔrganize]
ficha (f) de inscrição	demande (f) de participation	[dəmɑ̃d də partisipasjɔ̃]
preencher (vt)	remplir (vt)	[rɑ̃plir]
detalhes (m pl)	détails (m pl)	[detaj]
informação (f)	information (f)	[ɛ̃fɔrmasjɔ̃]
preço (m)	prix (m)	[pri]
incluindo	y compris	[i kɔ̃pri]
incluir (vt)	inclure (vt)	[ɛ̃klyr]
pagar (vt)	payer (vi, vt)	[peje]
taxa (f) de inscrição	droits (m pl) d'inscription	[drwa dɛ̃skripsjɔ̃]
entrada (f)	entrée (f)	[ɑ̃tre]
pavilhão (m), salão (f)	pavillon (m)	[pavijɔ̃]
inscrever (vt)	enregistrer (vt)	[ɑ̃rəʒistre]
crachá (m)	badge (m)	[badʒ]
stand (m)	stand (m)	[stɑ̃d]
reservar (vt)	réserver (vt)	[rezɛrve]
vitrine (f)	vitrine (f)	[vitrin]
lâmpada (f)	lampe (f)	[lɑ̃p]
design (m)	design (m)	[dizajn]
pôr (posicionar)	mettre, placer	[mɛtr], [plase]
ser colocado, -a	être placé	[ɛtr plase]
distribuidor (m)	distributeur (m)	[distribytœr]
fornecedor (m)	fournisseur (m)	[furnisœr]
fornecer (vt)	fournir (vt)	[furnir]
país (m)	pays (m)	[pei]
estrangeiro (adj)	étranger (adj)	[etrɑ̃ʒe]
produto (m)	produit (m)	[prɔdyi]
associação (f)	association (f)	[asɔsjasjɔ̃]

79

sala (f) de conferência	**salle** (f) **de conférences**	[sal də kɔ̃ferɑ̃s]
congresso (m)	**congrès** (m)	[kɔ̃grɛ]
concurso (m)	**concours** (m)	[kɔ̃kur]
visitante (m)	**visiteur** (m)	[vizitœr]
visitar (vt)	**visiter** (vt)	[vizite]
cliente (m)	**client** (m)	[klijɑ̃]

84. Ciência. Investigação. Cientistas

ciência (f)	**science** (f)	[sjɑ̃s]
científico (adj)	**scientifique** (adj)	[sjɑ̃tifik]
cientista (m)	**savant** (m)	[savɑ̃]
teoria (f)	**théorie** (f)	[teɔri]
axioma (m)	**axiome** (m)	[aksjom]
análise (f)	**analyse** (f)	[analiz]
analisar (vt)	**analyser** (vt)	[analize]
argumento (m)	**argument** (m)	[argymɑ̃]
substância (f)	**substance** (f)	[sypstɑ̃s]
hipótese (f)	**hypothèse** (f)	[ipɔtɛz]
dilema (m)	**dilemme** (m)	[dilɛm]
tese (f)	**thèse** (f)	[tɛz]
dogma (m)	**dogme** (m)	[dɔgm]
doutrina (f)	**doctrine** (f)	[dɔktrin]
pesquisa (f)	**recherche** (f)	[rəʃɛrʃ]
pesquisar (vt)	**rechercher** (vt)	[rəʃɛrʃe]
testes (m pl)	**test** (m)	[tɛst]
laboratório (m)	**laboratoire** (m)	[laboratwar]
método (m)	**méthode** (f)	[metɔd]
molécula (f)	**molécule** (f)	[mɔlekyl]
monitoramento (m)	**monitoring** (m)	[mɔnitɔriŋ]
descoberta (f)	**découverte** (f)	[dekuvɛrt]
postulado (m)	**postulat** (m)	[pɔstyla]
princípio (m)	**principe** (m)	[prɛ̃sip]
prognóstico (previsão)	**prévision** (f)	[previzjɔ̃]
prognosticar (vt)	**prévoir** (vt)	[prevwar]
síntese (f)	**synthèse** (f)	[sɛ̃tɛz]
tendência (f)	**tendance** (f)	[tɑ̃dɑ̃s]
teorema (m)	**théorème** (m)	[teɔrɛm]
ensinamentos (m pl)	**enseignements** (m pl)	[ɑ̃sɛɲmɑ̃]
fato (m)	**fait** (m)	[fɛ]
expedição (f)	**expédition** (f)	[ɛkspedisjɔ̃]
experiência (f)	**expérience** (f)	[ɛksperjɑ̃s]
acadêmico (m)	**académicien** (m)	[akademisjɛn]
bacharel (m)	**bachelier** (m)	[baʃəlje]
doutor (m)	**docteur** (m)	[dɔktœr]

professor (m) associado	chargé (m) de cours	[ʃarʒe də kur]
mestrado (m)	magistère (m)	[maʒistɛr]
professor (m)	professeur (m)	[prɔfɛsœr]

Profissões e ocupações

85. Procura de emprego. Demissão

trabalho (m)	travail (m)	[travaj]
equipe (f)	employés (pl)	[ãplwaje]
pessoal (m)	personnel (m)	[pɛrsɔnɛl]
carreira (f)	carrière (f)	[karjɛr]
perspectivas (f pl)	perspective (f)	[pɛrspɛktiv]
habilidades (f pl)	maîtrise (f)	[metriz]
seleção (f)	sélection (f)	[selɛksjõ]
agência (f) de emprego	agence (f) de recrutement	[aʒãs də rəkrytmã]
currículo (m)	C.V. (m)	[seve]
entrevista (f) de emprego	entretien (m)	[ãtrətjẽ]
vaga (f)	emploi (m) vacant	[ãplwa vakã]
salário (m)	salaire (m)	[salɛr]
salário (m) fixo	salaire (m) fixe	[salɛr fiks]
pagamento (m)	rémunération (f)	[remynerasjõ]
cargo (m)	poste (m)	[pɔst]
dever (do empregado)	fonction (f)	[fõksjõ]
gama (f) de deveres	liste (f) des fonctions	[list de fõksjõ]
ocupado (adj)	occupé (adj)	[ɔkype]
despedir, demitir (vt)	licencier (vt)	[lisãsje]
demissão (f)	licenciement (m)	[lisãsimã]
desemprego (m)	chômage (m)	[ʃomaʒ]
desempregado (m)	chômeur (m)	[ʃomœr]
aposentadoria (f)	retraite (f)	[rətrɛt]
aposentar-se (vr)	prendre sa retraite	[prãdr sa rətrɛt]

86. Gente de negócios

diretor (m)	directeur (m)	[dirɛktœr]
gerente (m)	gérant (m)	[ʒerã]
patrão, chefe (m)	patron (m)	[patrõ]
superior (m)	supérieur (m)	[syperjœr]
superiores (m pl)	supérieurs (m pl)	[syperjœr]
presidente (m)	président (m)	[prezidã]
chairman (m)	président (m)	[prezidã]
substituto (m)	adjoint (m)	[adʒwẽ]
assistente (m)	assistant (m)	[asistã]

secretário (m)	secrétaire (m, f)	[səkretɛr]
secretário (m) pessoal	secrétaire (m, f) personnel	[səkretɛr pɛrsɔnɛl]
homem (m) de negócios	homme (m) d'affaires	[ɔm dafɛr]
empreendedor (m)	entrepreneur (m)	[ãtrəprənœr]
fundador (m)	fondateur (m)	[fɔ̃datœr]
fundar (vt)	fonder (vt)	[fɔ̃de]
principiador (m)	fondateur (m)	[fɔ̃datœr]
parceiro, sócio (m)	partenaire (m)	[partənɛr]
acionista (m)	actionnaire (m)	[aksjɔnɛr]
milionário (m)	millionnaire (m)	[miljɔnɛr]
bilionário (m)	milliardaire (m)	[miljardɛr]
proprietário (m)	propriétaire (m)	[prɔprijetɛr]
proprietário (m) de terras	propriétaire (m) foncier	[prɔprijetɛr fɔ̃sje]
cliente (m)	client (m)	[klijã]
cliente (m) habitual	client (m) régulier	[klijã regylje]
comprador (m)	acheteur (m)	[aʃtœr]
visitante (m)	visiteur (m)	[vizitœr]
profissional (m)	professionnel (m)	[prɔfɛsjɔnɛl]
perito (m)	expert (m)	[ɛkspɛr]
especialista (m)	spécialiste (m)	[spesjalist]
banqueiro (m)	banquier (m)	[bãkje]
corretor (m)	courtier (m)	[kurtje]
caixa (m, f)	caissier (m)	[kesje]
contador (m)	comptable (m)	[kɔ̃tabl]
guarda (m)	agent (m) de sécurité	[aʒã də sekyrite]
investidor (m)	investisseur (m)	[ɛ̃vɛstisœr]
devedor (m)	débiteur (m)	[debitœr]
credor (m)	créancier (m)	[kreãsje]
mutuário (m)	emprunteur (m)	[ãprœ̃tœr]
importador (m)	importateur (m)	[ɛ̃pɔrtatœr]
exportador (m)	exportateur (m)	[ɛkspɔrtatœr]
produtor (m)	producteur (m)	[prɔdyktœr]
distribuidor (m)	distributeur (m)	[distribytœr]
intermediário (m)	intermédiaire (m)	[ɛ̃tɛrmedjɛr]
consultor (m)	conseiller (m)	[kɔ̃seje]
representante comercial	représentant (m)	[rəprezãtã]
agente (m)	agent (m)	[aʒã]
agente (m) de seguros	agent (m) d'assurances	[aʒã dasyrãs]

87. Profissões de serviços

cozinheiro (m)	cuisinier (m)	[kɥizinje]
chefe (m) de cozinha	cuisinier (m) en chef	[kɥizinje ã ʃɛf]

padeiro (m)	**boulanger** (m)	[bulɑ̃ʒe]
barman (m)	**barman** (m)	[barman]
garçom (m)	**serveur** (m)	[sɛrvœr]
garçonete (f)	**serveuse** (f)	[sɛrvøz]
advogado (m)	**avocat** (m)	[avɔka]
jurista (m)	**juriste** (m)	[ʒyrist]
notário (m)	**notaire** (m)	[nɔtɛr]
eletricista (m)	**électricien** (m)	[elɛktrisjɛ̃]
encanador (m)	**plombier** (m)	[plɔ̃bje]
carpinteiro (m)	**charpentier** (m)	[ʃarpɑ̃tje]
massagista (m)	**masseur** (m)	[masœr]
massagista (f)	**masseuse** (f)	[masøz]
médico (m)	**médecin** (m)	[medsɛ̃]
taxista (m)	**chauffeur** (m) **de taxi**	[ʃofœr də taksi]
condutor (automobilista)	**chauffeur** (m)	[ʃofœr]
entregador (m)	**livreur** (m)	[livrœr]
camareira (f)	**femme** (f) **de chambre**	[fam də ʃɑ̃br]
guarda (m)	**agent** (m) **de sécurité**	[aʒɑ̃ də sekyrite]
aeromoça (f)	**hôtesse** (f) **de l'air**	[otɛs də lɛr]
professor (m)	**professeur** (m)	[prɔfɛsœr]
bibliotecário (m)	**bibliothécaire** (m)	[biblijɔtekɛr]
tradutor (m)	**traducteur** (m)	[tradyktœr]
intérprete (m)	**interprète** (m)	[ɛ̃tɛrprɛt]
guia (m)	**guide** (m)	[gid]
cabeleireiro (m)	**coiffeur** (m)	[kwafœr]
carteiro (m)	**facteur** (m)	[faktœr]
vendedor (m)	**vendeur** (m)	[vɑ̃dœr]
jardineiro (m)	**jardinier** (m)	[ʒardinje]
criado (m)	**serviteur** (m)	[sɛrvitœr]
criada (f)	**servante** (f)	[sɛrvɑ̃t]
empregada (f) de limpeza	**femme** (f) **de ménage**	[fam də menaʒ]

88. Profissões militares e postos

soldado (m) raso	**soldat** (m)	[sɔlda]
sargento (m)	**sergent** (m)	[sɛrʒɑ̃]
tenente (m)	**lieutenant** (m)	[ljøtnɑ̃]
capitão (m)	**capitaine** (m)	[kapitɛn]
major (m)	**commandant** (m)	[kɔmɑ̃dɑ̃]
coronel (m)	**colonel** (m)	[kɔlɔnɛl]
general (m)	**général** (m)	[ʒeneral]
marechal (m)	**maréchal** (m)	[mareʃal]
almirante (m)	**amiral** (m)	[amiral]
militar (m)	**militaire** (m)	[militɛr]
soldado (m)	**soldat** (m)	[sɔlda]

oficial (m)	officier (m)	[ɔfisje]
comandante (m)	commandant (m)	[kɔmãdã]

guarda (m) de fronteira	garde-frontière (m)	[gardəfrɔ̃tjɛr]
operador (m) de rádio	opérateur (m) radio	[ɔperatœr radjo]
explorador (m)	éclaireur (m)	[eklɛrœr]
sapador-mineiro (m)	démineur (m)	[deminœr]
atirador (m)	tireur (m)	[tirœr]
navegador (m)	navigateur (m)	[navigatœr]

89. Oficiais. Padres

rei (m)	roi (m)	[rwa]
rainha (f)	reine (f)	[rɛn]

príncipe (m)	prince (m)	[prɛ̃s]
princesa (f)	princesse (f)	[prɛ̃sɛs]

czar (m)	tsar (m)	[tsar]
czarina (f)	tsarine (f)	[tsarin]

presidente (m)	président (m)	[prezidã]
ministro (m)	ministre (m)	[ministr]
primeiro-ministro (m)	premier ministre (m)	[prəmje ministɛr]
senador (m)	sénateur (m)	[senatœr]

diplomata (m)	diplomate (m)	[diplɔmat]
cônsul (m)	consul (m)	[kɔ̃syl]
embaixador (m)	ambassadeur (m)	[ãbasadœr]
conselheiro (m)	conseiller (m)	[kɔ̃seje]

funcionário (m)	fonctionnaire (m)	[fɔ̃ksjɔnɛr]
prefeito (m)	préfet (m)	[prefɛ]
Presidente (m) da Câmara	maire (m)	[mɛr]

juiz (m)	juge (m)	[ʒyʒ]
procurador (m)	procureur (m)	[prɔkyrœr]

missionário (m)	missionnaire (m)	[misjɔnɛr]
monge (m)	moine (m)	[mwan]
abade (m)	abbé (m)	[abe]
rabino (m)	rabbin (m)	[rabɛ̃]

vizir (m)	vizir (m)	[vizir]
xá (m)	shah (m)	[ʃa]
xeique (m)	cheik (m)	[ʃɛjk]

90. Profissões agrícolas

abelheiro (m)	apiculteur (m)	[apikyltœr]
pastor (m)	berger (m)	[bɛrʒe]
agrônomo (m)	agronome (m)	[agrɔnɔm]

| criador (m) de gado | éleveur (m) | [elvœr] |
| veterinário (m) | vétérinaire (m) | [veterinɛr] |

agricultor, fazendeiro (m)	fermier (m)	[fɛrmje]
vinicultor (m)	vinificateur (m)	[vinifikatœr]
zoólogo (m)	zoologiste (m)	[zɔɔlɔʒist]
vaqueiro (m)	cow-boy (m)	[kɔbɔj]

91. Profissões artísticas

| ator (m) | acteur (m) | [aktœr] |
| atriz (f) | actrice (f) | [aktris] |

| cantor (m) | chanteur (m) | [ʃɑ̃tœr] |
| cantora (f) | cantatrice (f) | [kɑ̃tatris] |

| bailarino (m) | danseur (m) | [dɑ̃sœr] |
| bailarina (f) | danseuse (f) | [dɑ̃søz] |

| artista (m) | artiste (m) | [artist] |
| artista (f) | artiste (f) | [artist] |

músico (m)	musicien (m)	[myzisjɛ̃]
pianista (m)	pianiste (m)	[pjanist]
guitarrista (m)	guitariste (m)	[gitarist]

maestro (m)	chef (m) d'orchestre	[ʃɛf dɔrkɛstr]
compositor (m)	compositeur (m)	[kɔ̃pozitœr]
empresário (m)	imprésario (m)	[ɛ̃presarjo]

diretor (m) de cinema	metteur (m) en scène	[mɛtœr ɑ̃ sɛn]
produtor (m)	producteur (m)	[prɔdyktœr]
roteirista (m)	scénariste (m)	[senarist]
crítico (m)	critique (m)	[kritik]

escritor (m)	écrivain (m)	[ekrivɛ̃]
poeta (m)	poète (m)	[pɔɛt]
escultor (m)	sculpteur (m)	[skyltœr]
pintor (m)	peintre (m)	[pɛ̃tr]

malabarista (m)	jongleur (m)	[ʒɔ̃glœr]
palhaço (m)	clown (m)	[klun]
acrobata (m)	acrobate (m)	[akrɔbat]
ilusionista (m)	magicien (m)	[maʒisjɛ̃]

92. Várias profissões

médico (m)	médecin (m)	[medsɛ̃]
enfermeira (f)	infirmière (f)	[ɛ̃firmjɛr]
psiquiatra (m)	psychiatre (m)	[psikjatr]
dentista (m)	stomatologue (m)	[stɔmatɔlɔg]
cirurgião (m)	chirurgien (m)	[ʃiryrʒjɛ̃]

astronauta (m)	astronaute (m)	[astrɔnot]
astrônomo (m)	astronome (m)	[astrɔnɔm]
piloto (m)	pilote (m)	[pilɔt]
motorista (m)	chauffeur (m)	[ʃofœr]
maquinista (m)	conducteur (m) de train	[kõdyktœr də trɛ̃]
mecânico (m)	mécanicien (m)	[mekanisjɛ̃]
mineiro (m)	mineur (m)	[minœr]
operário (m)	ouvrier (m)	[uvrije]
serralheiro (m)	serrurier (m)	[seryrje]
marceneiro (m)	menuisier (m)	[mənɥizje]
torneiro (m)	tourneur (m)	[turnœr]
construtor (m)	ouvrier (m) du bâtiment	[uvrije dy batimã]
soldador (m)	soudeur (m)	[sudœr]
professor (m)	professeur (m)	[prɔfɛsœr]
arquiteto (m)	architecte (m)	[arʃitɛkt]
historiador (m)	historien (m)	[istɔrjɛ̃]
cientista (m)	savant (m)	[savã]
físico (m)	physicien (m)	[fizisjɛ̃]
químico (m)	chimiste (m)	[ʃimist]
arqueólogo (m)	archéologue (m)	[arkeɔlɔg]
geólogo (m)	géologue (m)	[ʒeɔlɔg]
pesquisador (cientista)	chercheur (m)	[ʃɛrʃœr]
babysitter, babá (f)	baby-sitter (m, f)	[bebisitœr]
professor (m)	pédagogue (m, f)	[pedagɔg]
redator (m)	rédacteur (m)	[redaktœr]
redator-chefe (m)	rédacteur (m) en chef	[redaktœr ã ʃɛf]
correspondente (m)	correspondant (m)	[kɔrɛspõdã]
datilógrafa (f)	dactylographe (f)	[daktilɔgraf]
designer (m)	designer (m)	[dizajnœr]
especialista (m) em informática	informaticien (m)	[ɛ̃fɔrmatisjɛ̃]
programador (m)	programmeur (m)	[prɔgramœr]
engenheiro (m)	ingénieur (m)	[ɛ̃ʒenjœr]
marujo (m)	marin (m)	[marɛ̃]
marinheiro (m)	matelot (m)	[matlo]
socorrista (m)	secouriste (m)	[səkurist]
bombeiro (m)	pompier (m)	[põpje]
polícia (m)	policier (m)	[pɔlisje]
guarda-noturno (m)	veilleur (m) de nuit	[vejœr də nɥi]
detetive (m)	détective (m)	[detɛktiv]
funcionário (m) da alfândega	douanier (m)	[dwanje]
guarda-costas (m)	garde (m) du corps	[gard dy kɔr]
guarda (m) prisional	gardien (m) de prison	[gardjɛ̃ də prizõ]
inspetor (m)	inspecteur (m)	[ɛ̃spɛktœr]
esportista (m)	sportif (m)	[spɔrtif]
treinador (m)	entraîneur (m)	[ãtrɛnœr]

açougueiro (m)	boucher (m)	[buʃe]
sapateiro (m)	cordonnier (m)	[kɔrdɔnje]
comerciante (m)	commerçant (m)	[kɔmɛrsɑ̃]
carregador (m)	chargeur (m)	[ʃarʒœr]
estilista (m)	couturier (m)	[kutyrje]
modelo (f)	modèle (f)	[mɔdɛl]

93. Ocupações. Estatuto social

estudante (~ de escola)	écolier (m)	[ekɔlje]
estudante (~ universitária)	étudiant (m)	[etydjɑ̃]
filósofo (m)	philosophe (m)	[filɔzɔf]
economista (m)	économiste (m)	[ekɔnɔmist]
inventor (m)	inventeur (m)	[ɛ̃vɑ̃tœr]
desempregado (m)	chômeur (m)	[ʃomœr]
aposentado (m)	retraité (m)	[rətrɛte]
espião (m)	espion (m)	[ɛspjɔ̃]
preso, prisioneiro (m)	prisonnier (m)	[prizɔnje]
grevista (m)	gréviste (m)	[grevist]
burocrata (m)	bureaucrate (m)	[byrokrat]
viajante (m)	voyageur (m)	[vwajaʒœr]
homossexual (m)	homosexuel (m)	[ɔmɔsɛksɥɛl]
hacker (m)	hacker (m)	[ake:r]
hippie (m, f)	hippie (m, f)	[ipi]
bandido (m)	bandit (m)	[bɑ̃di]
assassino (m)	tueur (m) à gages	[tɥœr ɑ gaʒ]
drogado (m)	drogué (m)	[drɔge]
traficante (m)	trafiquant (m) de drogue	[trafikɑ̃ də drɔg]
prostituta (f)	prostituée (f)	[prɔstitɥe]
cafetão (m)	souteneur (m)	[sutnœr]
bruxo (m)	sorcier (m)	[sɔrsje]
bruxa (f)	sorcière (f)	[sɔrsjɛr]
pirata (m)	pirate (m)	[pirat]
escravo (m)	esclave (m)	[ɛsklav]
samurai (m)	samouraï (m)	[samuraj]
selvagem (m)	sauvage (m)	[sovaʒ]

Educação

94. Escola

escola (f)	école (f)	[ekɔl]
diretor (m) de escola	directeur (m) d'école	[dirɛktœr dekɔl]
aluno (m)	élève (m)	[elɛv]
aluna (f)	élève (f)	[elɛv]
estudante (m)	écolier (m)	[ekɔlje]
estudante (f)	écolière (f)	[ekɔljɛr]
ensinar (vt)	enseigner (vt)	[ãseɲe]
aprender (vt)	apprendre (vt)	[aprãdr]
decorar (vt)	apprendre par cœur	[aprãdr par kœr]
estudar (vi)	apprendre (vi)	[aprãdr]
estar na escola	être étudiant, -e	[ɛtr etydjã, -ãt]
ir à escola	aller à l'école	[ale a lekɔl]
alfabeto (m)	alphabet (m)	[alfabɛ]
disciplina (f)	matière (f)	[matjɛr]
sala (f) de aula	salle (f) de classe	[sal də klas]
lição, aula (f)	leçon (f)	[ləsɔ̃]
recreio (m)	récréation (f)	[rekreasjɔ̃]
toque (m)	sonnerie (f)	[sɔnri]
classe (f)	pupitre (m)	[pypitr]
quadro (m) negro	tableau (m)	[tablo]
nota (f)	note (f)	[nɔt]
boa nota (f)	bonne note (f)	[bɔnnɔt]
nota (f) baixa	mauvaise note (f)	[movɛz nɔt]
dar uma nota	donner une note	[dɔne yn nɔt]
erro (m)	faute (f)	[fot]
errar (vi)	faire des fautes	[fɛr de fot]
corrigir (~ um erro)	corriger (vt)	[kɔriʒe]
cola (f)	antisèche (f)	[ãtisɛʃ]
dever (m) de casa	devoir (m)	[dəvwar]
exercício (m)	exercice (m)	[ɛgzɛrsis]
estar presente	être présent	[ɛtr prezã]
estar ausente	être absent	[ɛtr apsã]
faltar às aulas	manquer l'école	[mãke lekɔl]
punir (vt)	punir (vt)	[pynir]
punição (f)	punition (f)	[pynisjɔ̃]
comportamento (m)	conduite (f)	[kɔ̃dyit]

boletim (m) escolar	carnet (m) de notes	[karnɛ də nɔt]
lápis (m)	crayon (m)	[krɛjõ]
borracha (f)	gomme (f)	[gɔm]
giz (m)	craie (f)	[krɛ]
porta-lápis (m)	plumier (m)	[plymje]

mala, pasta, mochila (f)	cartable (m)	[kartabl]
caneta (f)	stylo (m)	[stilo]
caderno (m)	cahier (m)	[kaje]
livro (m) didático	manuel (m)	[manɥɛl]
compasso (m)	compas (m)	[kõpa]

traçar (vt)	dessiner (vt)	[desine]
desenho (m) técnico	dessin (m) technique	[desɛ̃ tɛknik]

poesia (f)	poésie (f)	[pɔezi]
de cor	par cœur (adv)	[par kœr]
decorar (vt)	apprendre par cœur	[aprãdr par kœr]

férias (f pl)	vacances (f pl)	[vakãs]
estar de férias	être en vacances	[ɛtr ã vakãs]
passar as férias	passer les vacances	[pɑse le vakãs]

teste (m), prova (f)	interrogation (f) écrite	[ɛ̃terɔgasjõ ekrit]
redação (f)	composition (f)	[kõpozisjõ]
ditado (m)	dictée (f)	[dikte]
exame (m), prova (f)	examen (m)	[ɛgzamɛ̃]
fazer prova	passer les examens	[pɑse lezɛgzamɛ̃]
experiência (~ química)	expérience (f)	[ɛksperjãs]

95. Colégio. Universidade

academia (f)	académie (f)	[akademi]
universidade (f)	université (f)	[ynivɛrsite]
faculdade (f)	faculté (f)	[fakylte]

estudante (m)	étudiant (m)	[etydjã]
estudante (f)	étudiante (f)	[etydjãt]
professor (m)	enseignant (m)	[ãsɛɲã]

auditório (m)	salle (f)	[sal]
graduado (m)	licencié (m)	[lisãsje]

diploma (m)	diplôme (m)	[diplom]
tese (f)	thèse (f)	[tɛz]

estudo (obra)	étude (f)	[etyd]
laboratório (m)	laboratoire (m)	[labɔratwar]

palestra (f)	cours (m)	[kur]
colega (m) de curso	camarade (m) de cours	[kamarad də kur]

bolsa (f) de estudos	bourse (f)	[burs]
grau (m) acadêmico	grade (m) universitaire	[grad ynivɛrsitɛr]

96. Ciências. Disciplinas

matemática (f)	mathématiques (f pl)	[matematik]
álgebra (f)	algèbre (f)	[alʒɛbr]
geometria (f)	géométrie (f)	[ʒeɔmetri]
astronomia (f)	astronomie (f)	[astrɔnɔmi]
biologia (f)	biologie (f)	[bjɔlɔʒi]
geografia (f)	géographie (f)	[ʒeɔgrafi]
geologia (f)	géologie (f)	[ʒeɔlɔʒi]
história (f)	histoire (f)	[istwar]
medicina (f)	médecine (f)	[medsin]
pedagogia (f)	pédagogie (f)	[pedagɔʒi]
direito (m)	droit (m)	[drwa]
física (f)	physique (f)	[fizik]
química (f)	chimie (f)	[ʃimi]
filosofia (f)	philosophie (f)	[filɔzɔfi]
psicologia (f)	psychologie (f)	[psikɔlɔʒi]

97. Sistema de escrita. Ortografia

gramática (f)	grammaire (f)	[gramɛr]
vocabulário (m)	vocabulaire (m)	[vɔkabylɛr]
fonética (f)	phonétique (f)	[fɔnetik]
substantivo (m)	nom (m)	[nɔ̃]
adjetivo (m)	adjectif (m)	[adʒɛktif]
verbo (m)	verbe (m)	[vɛrb]
advérbio (m)	adverbe (m)	[advɛrb]
pronome (m)	pronom (m)	[prɔnɔ̃]
interjeição (f)	interjection (f)	[ɛ̃tɛrʒɛksjɔ̃]
preposição (f)	préposition (f)	[prepɔzisjɔ̃]
raiz (f)	racine (f)	[rasin]
terminação (f)	terminaison (f)	[tɛrminɛzɔ̃]
prefixo (m)	préfixe (m)	[prefiks]
sílaba (f)	syllabe (f)	[silab]
sufixo (m)	suffixe (m)	[syfiks]
acento (m)	accent (m) tonique	[aksɑ̃ tɔnik]
apóstrofo (f)	apostrophe (f)	[apɔstrɔf]
ponto (m)	point (m)	[pwɛ̃]
vírgula (f)	virgule (f)	[virgyl]
ponto e vírgula (m)	point (m) virgule	[pwɛ̃ virgyl]
dois pontos (m pl)	deux-points (m)	[døpwɛ̃]
reticências (f pl)	points (m pl) de suspension	[pwɛ̃ də syspɑ̃sjɔ̃]
ponto (m) de interrogação	point (m) d'interrogation	[pwɛ̃ dɛ̃terɔgasjɔ̃]
ponto (m) de exclamação	point (m) d'exclamation	[pwɛ̃ dɛksklamasjɔ̃]

aspas (f pl)	guillemets (m pl)	[gijmɛ]
entre aspas	entre guillemets	[ɑ̃tr gijmɛ]
parênteses (m pl)	parenthèses (f pl)	[parɑ̃tɛz]
entre parênteses	entre parenthèses	[ɑ̃tr parɑ̃tɛz]

hífen (m)	trait (m) d'union	[trɛ dynjɔ̃]
travessão (m)	tiret (m)	[tire]
espaço (m)	blanc (m)	[blɑ̃]

letra (f)	lettre (f)	[lɛtr]
letra (f) maiúscula	majuscule (f)	[maʒyskyl]

vogal (f)	voyelle (f)	[vwajɛl]
consoante (f)	consonne (f)	[kɔ̃sɔn]

frase (f)	proposition (f)	[prɔpozisjɔ̃]
sujeito (m)	sujet (m)	[syʒɛ]
predicado (m)	prédicat (m)	[predika]

linha (f)	ligne (f)	[liɲ]
em uma nova linha	à la ligne	[alaliɲ]
parágrafo (m)	paragraphe (m)	[paragraf]

palavra (f)	mot (m)	[mo]
grupo (m) de palavras	groupe (m) de mots	[grup də mo]
expressão (f)	expression (f)	[ɛkspresjɔ̃]
sinônimo (m)	synonyme (m)	[sinɔnim]
antônimo (m)	antonyme (m)	[ɑ̃tɔnim]

regra (f)	règle (f)	[rɛgl]
exceção (f)	exception (f)	[ɛksɛpsjɔ̃]
correto (adj)	correct (adj)	[kɔrɛkt]

conjugação (f)	conjugaison (f)	[kɔ̃ʒygɛzɔ̃]
declinação (f)	déclinaison (f)	[deklinɛzɔ̃]
caso (m)	cas (m)	[ka]
pergunta (f)	question (f)	[kɛstjɔ̃]
sublinhar (vt)	souligner (vt)	[suliɲe]
linha (f) pontilhada	pointillé (m)	[pwɛ̃tije]

98. Línguas estrangeiras

língua (f)	langue (f)	[lɑ̃g]
língua (f) estrangeira	langue (f) étrangère	[lɑ̃g etrɑ̃ʒɛr]
estudar (vt)	étudier (vt)	[etydje]
aprender (vt)	apprendre (vt)	[aprɑ̃dr]

ler (vt)	lire (vi, vt)	[lir]
falar (vi)	parler (vi)	[parle]
entender (vt)	comprendre (vt)	[kɔ̃prɑ̃dr]
escrever (vt)	écrire (vt)	[ekrir]

rapidamente	vite (adv)	[vit]
devagar, lentamente	lentement (adv)	[lɑ̃tmɑ̃]

fluentemente	couramment (adv)	[kuramã]
regras (f pl)	règles (f pl)	[rɛgl]
gramática (f)	grammaire (f)	[gramɛr]
vocabulário (m)	vocabulaire (m)	[vɔkabylɛr]
fonética (f)	phonétique (f)	[fɔnetik]
livro (m) didático	manuel (m)	[manɥɛl]
dicionário (m)	dictionnaire (m)	[diksjɔnɛr]
manual (m) autodidático	manuel (m) autodidacte	[manɥɛl otodidakt]
guia (m) de conversação	guide (m) de conversation	[gid də kɔ̃vɛrsasjɔ̃]
fita (f) cassete	cassette (f)	[kasɛt]
videoteipe (m)	cassette (f) vidéo	[kasɛt video]
CD (m)	CD (m)	[sede]
DVD (m)	DVD (m)	[devede]
alfabeto (m)	alphabet (m)	[alfabɛ]
soletrar (vt)	épeler (vt)	[eple]
pronúncia (f)	prononciation (f)	[prɔnɔ̃sjasjɔ̃]
sotaque (m)	accent (m)	[aksã]
com sotaque	avec un accent	[avɛk œn aksã]
sem sotaque	sans accent	[sã zaksã]
palavra (f)	mot (m)	[mo]
sentido (m)	sens (m)	[sãs]
curso (m)	cours (m pl)	[kur]
inscrever-se (vr)	s'inscrire (vp)	[sɛ̃skrir]
professor (m)	professeur (m)	[prɔfɛsœr]
tradução (processo)	traduction (f)	[tradyksjɔ̃]
tradução (texto)	traduction (f)	[tradyksjɔ̃]
tradutor (m)	traducteur (m)	[tradyktœr]
intérprete (m)	interprète (m)	[ɛ̃tɛrprɛt]
poliglota (m)	polyglotte (m)	[pɔliglɔt]
memória (f)	mémoire (f)	[memwar]

Descanso. Entretenimento. Viagens

99. Viagens

turismo (m)	**tourisme** (m)	[turism]
turista (m)	**touriste** (m)	[turist]
viagem (f)	**voyage** (m)	[vwajaʒ]
aventura (f)	**aventure** (f)	[avãtyr]
percurso (curta viagem)	**voyage** (m)	[vwajaʒ]
férias (f pl)	**vacances** (f pl)	[vakãs]
estar de férias	**être en vacances**	[ɛtr ã vakãs]
descanso (m)	**repos** (m)	[rəpo]
trem (m)	**train** (m)	[trɛ̃]
de trem (chegar ~)	**en train**	[ã trɛ̃]
avião (m)	**avion** (m)	[avjõ]
de avião	**en avion**	[ɑn avjõ]
de carro	**en voiture**	[ã vwatyr]
de navio	**en bateau**	[ã bato]
bagagem (f)	**bagage** (m)	[bagaʒ]
mala (f)	**malle** (f)	[mal]
carrinho (m)	**chariot** (m)	[ʃarjo]
passaporte (m)	**passeport** (m)	[paspɔr]
visto (m)	**visa** (m)	[viza]
passagem (f)	**ticket** (m)	[tikɛ]
passagem (f) aérea	**billet** (m) **d'avion**	[bijɛ davjõ]
guia (m) de viagem	**guide** (m)	[gid]
mapa (m)	**carte** (f)	[kart]
área (f)	**région** (f)	[reʒjõ]
lugar (m)	**endroit** (m)	[ãdrwa]
exotismo (m)	**exotisme** (m)	[ɛgzɔtism]
exótico (adj)	**exotique** (adj)	[ɛgzɔtik]
surpreendente (adj)	**étonnant** (adj)	[etɔnã]
grupo (m)	**groupe** (m)	[grup]
excursão (f)	**excursion** (f)	[ɛkskyrsjõ]
guia (m)	**guide** (m)	[gid]

100. Hotel

hotel (m)	**hôtel** (m)	[otɛl]
motel (m)	**motel** (m)	[mɔtɛl]
três estrelas	**3 étoiles**	[trwa zetwal]

cinco estrelas	5 étoiles	[sɛ̃k etwal]
ficar (vi, vt)	descendre (vi)	[desɑ̃dr]
quarto (m)	chambre (f)	[ʃɑ̃br]
quarto (m) individual	chambre (f) simple	[ʃɑ̃br sɛ̃pl]
quarto (m) duplo	chambre (f) double	[ʃɑ̃br dubl]
reservar um quarto	réserver une chambre	[rezɛrve yn ʃɑ̃br]
meia pensão (f)	demi-pension (f)	[dəmipɑ̃sjɔ̃]
pensão (f) completa	pension (f) complète	[pɑ̃sjɔ̃ kɔ̃plɛt]
com banheira	avec une salle de bain	[avɛk yn saldəbɛ̃]
com chuveiro	avec une douche	[avɛk yn duʃ]
televisão (m) por satélite	télévision (f) par satellite	[televizjɔ̃ par satelit]
ar (m) condicionado	climatiseur (m)	[klimatizœr]
toalha (f)	serviette (f)	[sɛrvjɛt]
chave (f)	clé, clef (f)	[kle]
administrador (m)	administrateur (m)	[administratœr]
camareira (f)	femme (f) de chambre	[fam də ʃɑ̃br]
bagageiro (m)	porteur (m)	[pɔrtœr]
porteiro (m)	portier (m)	[pɔrtje]
restaurante (m)	restaurant (m)	[rɛstɔrɑ̃]
bar (m)	bar (m)	[bar]
café (m) da manhã	petit déjeuner (m)	[pəti deʒœne]
jantar (m)	dîner (m)	[dine]
bufê (m)	buffet (m)	[byfɛ]
saguão (m)	hall (m)	[ol]
elevador (m)	ascenseur (m)	[asɑ̃sœr]
NÃO PERTURBE	PRIÈRE DE NE PAS DÉRANGER	[prijɛr dənəpɑ derɑ̃ʒe]
PROIBIDO FUMAR!	DÉFENSE DE FUMER	[defɑ̃s də fyme]

95

EQUIPAMENTO TÉCNICO. TRANSPORTES

Equipamento técnico. Transportes

101. Computador

computador (m)	ordinateur (m)	[ɔrdinatœr]
computador (m) portátil	PC (m) portable	[pese pɔrtabl]
ligar (vt)	allumer (vt)	[alyme]
desligar (vt)	éteindre (vt)	[etɛ̃dr]
teclado (m)	clavier (m)	[klavje]
tecla (f)	touche (f)	[tuʃ]
mouse (m)	souris (f)	[suri]
tapete (m) para mouse	tapis (m) de souris	[tapi də suri]
botão (m)	bouton (m)	[butɔ̃]
cursor (m)	curseur (m)	[kyrsœr]
monitor (m)	moniteur (m)	[mɔnitœr]
tela (f)	écran (m)	[ekrɑ̃]
disco (m) rígido	disque (m) dur	[disk dyr]
capacidade (f) do disco rígido	capacité (f) du disque dur	[kapasite dy disk dyr]
memória (f)	mémoire (f)	[memwar]
memória RAM (f)	mémoire (f) vive	[memwar viv]
arquivo (m)	fichier (m)	[fiʃje]
pasta (f)	dossier (m)	[dosje]
abrir (vt)	ouvrir (vt)	[uvrir]
fechar (vt)	fermer (vt)	[fɛrme]
salvar (vt)	sauvegarder (vt)	[sovgarde]
deletar (vt)	supprimer (vt)	[syprime]
copiar (vt)	copier (vt)	[kɔpje]
ordenar (vt)	trier (vt)	[trije]
copiar (vt)	copier (vt)	[kɔpje]
programa (m)	programme (m)	[prɔgram]
software (m)	logiciel (m)	[lɔʒisjɛl]
programador (m)	programmeur (m)	[prɔgramœr]
programar (vt)	programmer (vt)	[prɔgrame]
hacker (m)	hacker (m)	[ake:r]
senha (f)	mot (m) de passe	[mo də pɑs]
vírus (m)	virus (m)	[virys]
detectar (vt)	découvrir (vt)	[dekuvrir]
byte (m)	bit (m)	[bit]

megabyte (m)	mégabit (m)	[mégabit]
dados (m pl)	données (f pl)	[dɔne]
base (f) de dados	base (f) de données	[baz də dɔne]

cabo (m)	câble (m)	[kabl]
desconectar (vt)	déconnecter (vt)	[dekɔnɛkte]
conectar (vt)	connecter (vt)	[kɔnɛkte]

102. Internet. E-mail

internet (f)	Internet (m)	[ɛ̃tɛrnɛt]
browser (m)	navigateur (m)	[navigatœr]
motor (m) de busca	moteur (m) de recherche	[mɔtœr də rəʃɛrʃ]
provedor (m)	fournisseur (m) d'accès	[furnisœr daksɛ]

webmaster (m)	administrateur (m) de site	[administratœr də sit]
website (m)	site (m) web	[sit wɛb]
web page (f)	page (f) web	[paʒ wɛb]

| endereço (m) | adresse (f) | [adrɛs] |
| livro (m) de endereços | carnet (m) d'adresses | [karnɛ dadrɛs] |

| caixa (f) de correio | boîte (f) de réception | [bwat də resɛpsjɔ̃] |
| correio (m) | courrier (m) | [kurje] |

mensagem (f)	message (m)	[mesaʒ]
mensagens (f pl) recebidas	messages (pl) entrants	[mesaʒ ɑ̃trɑ̃]
mensagens (f pl) enviadas	messages (pl) sortants	[mesaʒ sɔrtɑ̃]
remetente (m)	expéditeur (m)	[ɛkspeditœr]
enviar (vt)	envoyer (vt)	[ɑ̃vwaje]
envio (m)	envoi (m)	[ɑ̃vwa]

| destinatário (m) | destinataire (m) | [dɛstinatɛr] |
| receber (vt) | recevoir (vt) | [rəsəvwar] |

| correspondência (f) | correspondance (f) | [kɔrɛspɔ̃dɑ̃s] |
| corresponder-se (vr) | être en correspondance | [ɛtr ɑ̃ kɔrɛspɔ̃dɑ̃s] |

arquivo (m)	fichier (m)	[fiʃje]
fazer download, baixar (vt)	télécharger (vt)	[teleʃarʒe]
criar (vt)	créer (vt)	[kree]
deletar (vt)	supprimer (vt)	[syprime]
deletado (adj)	supprimé (adj)	[syprime]

conexão (f)	connexion (f)	[kɔnɛksjɔ̃]
velocidade (f)	vitesse (f)	[vitɛs]
modem (m)	modem (m)	[mɔdɛm]
acesso (m)	accès (m)	[aksɛ]
porta (f)	port (m)	[pɔr]

conexão (f)	connexion (f)	[kɔnɛksjɔ̃]
conectar (vi)	se connecter à ...	[sə kɔnɛkte a]
escolher (vt)	sélectionner (vt)	[selɛksjɔne]
buscar (vt)	rechercher (vt)	[rəʃɛrʃe]

103. Eletricidade

eletricidade (f)	électricité (f)	[elɛktrisite]
elétrico (adj)	électrique (adj)	[elɛktrik]
planta (f) elétrica	centrale (f) électrique	[sãtral elɛktrik]
energia (f)	énergie (f)	[enɛrʒi]
energia (f) elétrica	énergie (f) électrique	[enɛrʒi elɛktrik]
lâmpada (f)	ampoule (f)	[ãpul]
lanterna (f)	torche (f)	[tɔrʃ]
poste (m) de iluminação	réverbère (m)	[revɛrbɛr]
luz (f)	lumière (f)	[lymjɛr]
ligar (vt)	allumer (vt)	[alyme]
desligar (vt)	éteindre (vt)	[etɛ̃dr]
apagar a luz	éteindre la lumière	[etɛ̃dr la lymjɛr]
queimar (vi)	être grillé	[ɛtr grije]
curto-circuito (m)	court-circuit (m)	[kursirkɥi]
ruptura (f)	rupture (f)	[ryptyr]
contato (m)	contact (m)	[kõtakt]
interruptor (m)	interrupteur (m)	[ɛ̃teryptœr]
tomada (de parede)	prise (f)	[priz]
plugue (m)	fiche (f)	[fiʃ]
extensão (f)	rallonge (f)	[ralõʒ]
fusível (m)	fusible (m)	[fyzibl]
fio, cabo (m)	fil (m)	[fil]
instalação (f) elétrica	installation (f) électrique	[ɛ̃stalasjõ elɛktrik]
ampère (m)	ampère (m)	[ãpɛr]
amperagem (f)	intensité (f) du courant	[ɛ̃tãsite dy kurã]
volt (m)	volt (m)	[vɔlt]
voltagem (f)	tension (f)	[tãsjõ]
aparelho (m) elétrico	appareil (m) électrique	[aparɛj elɛktrik]
indicador (m)	indicateur (m)	[ɛ̃dikatœr]
eletricista (m)	électricien (m)	[elɛktrisjɛ̃]
soldar (vt)	souder (vt)	[sude]
soldador (m)	fer (m) à souder	[fɛr asude]
corrente (f) elétrica	courant (m)	[kurã]

104. Ferramentas

ferramenta (f)	outil (m)	[uti]
ferramentas (f pl)	outils (m pl)	[uti]
equipamento (m)	équipement (m)	[ekipmã]
martelo (m)	marteau (m)	[marto]
chave (f) de fenda	tournevis (m)	[turnəvis]
machado (m)	hache (f)	[aʃ]

serra (f)	scie (f)	[si]
serrar (vt)	scier (vt)	[sje]
plaina (f)	rabot (m)	[rabo]
aplainar (vt)	raboter (vt)	[rabɔte]
soldador (m)	fer (m) à souder	[fɛr asude]
soldar (vt)	souder (vt)	[sude]
lima (f)	lime (f)	[lim]
tenaz (f)	tenailles (f pl)	[tənɑj]
alicate (m)	pince (f) plate	[pɛ̃s plat]
formão (m)	ciseau (m)	[sizo]
broca (f)	foret (m)	[fɔrɛ]
furadeira (f) elétrica	perceuse (f)	[pɛrsøz]
furar (vt)	percer (vt)	[pɛrse]
faca (f)	couteau (m)	[kuto]
lâmina (f)	lame (f)	[lam]
afiado (adj)	bien affilé (adj)	[bjɛn afile]
cego (adj)	émoussé (adj)	[emuse]
embotar-se (vr)	s'émousser (vp)	[semuse]
afiar, amolar (vt)	affiler (vt)	[afile]
parafuso (m)	boulon (m)	[bulɔ̃]
porca (f)	écrou (m)	[ekru]
rosca (f)	filetage (m)	[filtaʒ]
parafuso (para madeira)	vis (f) à bois	[vi za bwa]
prego (m)	clou (m)	[klu]
cabeça (f) do prego	tête (f) de clou	[tɛt də klu]
régua (f)	règle (f)	[rɛgl]
fita (f) métrica	mètre (m) à ruban	[mɛtr a rybɑ̃]
nível (m)	niveau (m) à bulle	[nivo a byl]
lupa (f)	loupe (f)	[lup]
medidor (m)	appareil (m) de mesure	[aparɛj də məzyr]
medir (vt)	mesurer (vt)	[məzyre]
escala (f)	échelle (f)	[eʃɛl]
indicação (f), registro (m)	relevé (m)	[rəlve]
compressor (m)	compresseur (m)	[kɔ̃presœr]
microscópio (m)	microscope (m)	[mikrɔskɔp]
bomba (f)	pompe (f)	[pɔ̃p]
robô (m)	robot (m)	[rɔbo]
laser (m)	laser (m)	[lazɛr]
chave (f) de boca	clé (f) de serrage	[kle də seraʒ]
fita (f) adesiva	ruban (m) adhésif	[rybɑ̃ adezif]
cola (f)	colle (f)	[kɔl]
lixa (f)	papier (m) d'émeri	[papje dɛmri]
mola (f)	ressort (m)	[rəsɔr]
ímã (m)	aimant (m)	[ɛmɑ̃]

luva (f)	gants (m pl)	[gã]
corda (f)	corde (f)	[kɔrd]
cabo (~ de nylon, etc.)	cordon (m)	[kɔrdõ]
fio (m)	fil (m)	[fil]
cabo (~ elétrico)	câble (m)	[kabl]

marreta (f)	masse (f)	[mas]
pé de cabra (m)	pic (m)	[pik]
escada (f) de mão	escabeau (m)	[ɛskabo]
escada (m)	échelle (f) double	[eʃɛl dubl]

enroscar (vt)	visser (vt)	[vise]
desenroscar (vt)	dévisser (vt)	[devise]
apertar (vt)	serrer (vt)	[sere]
colar (vt)	coller (vt)	[kɔle]
cortar (vt)	couper (vt)	[kupe]

falha (f)	défaut (m)	[defo]
conserto (m)	réparation (f)	[reparasjõ]
consertar, reparar (vt)	réparer (vt)	[repare]
regular, ajustar (vt)	régler (vt)	[regle]

verificar (vt)	vérifier (vt)	[verifje]
verificação (f)	vérification (f)	[verifikasjõ]
indicação (f), registro (m)	relevé (m)	[rəlve]

| seguro (adj) | fiable (adj) | [fjabl] |
| complicado (adj) | complexe (adj) | [kõplɛks] |

enferrujar (vi)	rouiller (vi)	[ruje]
enferrujado (adj)	rouillé (adj)	[ruje]
ferrugem (f)	rouille (f)	[ruj]

Transportes

105. Avião

avião (m)	avion (m)	[avjõ]
passagem (f) aérea	billet (m) d'avion	[bijɛ davjõ]
companhia (f) aérea	compagnie (f) aérienne	[kõpaɲi aerjɛn]
aeroporto (m)	aéroport (m)	[aeropɔr]
supersônico (adj)	supersonique (adj)	[sypɛrsɔnik]
comandante (m) do avião	commandant (m) de bord	[kɔmãdã də bɔr]
tripulação (f)	équipage (m)	[ekipaʒ]
piloto (m)	pilote (m)	[pilɔt]
aeromoça (f)	hôtesse (f) de l'air	[otɛs də lɛr]
copiloto (m)	navigateur (m)	[navigatœr]
asas (f pl)	ailes (f pl)	[ɛl]
cauda (f)	queue (f)	[kø]
cabine (f)	cabine (f)	[kabin]
motor (m)	moteur (m)	[mɔtœr]
trem (m) de pouso	train (m) d'atterrissage	[trɛ̃ daterisaʒ]
turbina (f)	turbine (f)	[tyrbin]
hélice (f)	hélice (f)	[elis]
caixa-preta (f)	boîte (f) noire	[bwat nwar]
coluna (f) de controle	gouvernail (m)	[guvɛrnaj]
combustível (m)	carburant (m)	[karbyrã]
instruções (f pl) de segurança	consigne (f) de sécurité	[kõsiɲ də sekyrite]
máscara (f) de oxigênio	masque (m) à oxygène	[mask ɑ ɔksiʒɛn]
uniforme (m)	uniforme (m)	[ynifɔrm]
colete (m) salva-vidas	gilet (m) de sauvetage	[ʒilɛ də sovtaʒ]
paraquedas (m)	parachute (m)	[paraʃyt]
decolagem (f)	décollage (m)	[dekɔlaʒ]
descolar (vi)	décoller (vi)	[dekɔle]
pista (f) de decolagem	piste (f) de décollage	[pist dekɔlaʒ]
visibilidade (f)	visibilité (f)	[vizibilite]
voo (m)	vol (m)	[vɔl]
altura (f)	altitude (f)	[altityd]
poço (m) de ar	trou (m) d'air	[tru dɛr]
assento (m)	place (f)	[plas]
fone (m) de ouvido	écouteurs (m pl)	[ekutœr]
mesa (f) retrátil	tablette (f)	[tablɛt]
janela (f)	hublot (m)	[yblo]
corredor (m)	couloir (m)	[kulwar]

106. Comboio

trem (m)	train (m)	[trɛ̃]
trem (m) elétrico	train (m) de banlieue	[trɛ̃ də bɑ̃ljø]
trem (m)	TGV (m)	[teʒeve]
locomotiva (f) diesel	locomotive (f) diesel	[lɔkɔmɔtiv djezɛl]
locomotiva (f) a vapor	locomotive (f) à vapeur	[lɔkɔmɔtiv a vapœr]
vagão (f) de passageiros	wagon (m)	[vagɔ̃]
vagão-restaurante (m)	wagon-restaurant (m)	[vagɔ̃rɛstɔrɑ̃]
carris (m pl)	rails (m pl)	[raj]
estrada (f) de ferro	chemin (m) de fer	[ʃəmɛ̃ də fɛr]
travessa (f)	traverse (f)	[travɛrs]
plataforma (f)	quai (m)	[kɛ]
linha (f)	voie (f)	[vwa]
semáforo (m)	sémaphore (m)	[semafɔr]
estação (f)	station (f)	[stasjɔ̃]
maquinista (m)	conducteur (m) de train	[kɔ̃dyktœr də trɛ̃]
bagageiro (m)	porteur (m)	[pɔrtœr]
hospedeiro, -a (m, f)	steward (m)	[stiwart]
passageiro (m)	passager (m)	[pɑsaʒe]
revisor (m)	contrôleur (m)	[kɔ̃trolœr]
corredor (m)	couloir (m)	[kulwar]
freio (m) de emergência	frein (m) d'urgence	[frɛ̃ dyrʒɑ̃s]
compartimento (m)	compartiment (m)	[kɔ̃partimɑ̃]
cama (f)	couchette (f)	[kuʃɛt]
cama (f) de cima	couchette (f) d'en haut	[kuʃɛt dɛ̃ o]
cama (f) de baixo	couchette (f) d'en bas	[kuʃɛt dɛ̃ba]
roupa (f) de cama	linge (m) de lit	[lɛ̃ʒ də li]
passagem (f)	ticket (m)	[tikɛ]
horário (m)	horaire (m)	[ɔrɛr]
painel (m) de informação	tableau (m) d'informations	[tablo dɛ̃fɔrmasjɔ̃]
partir (vt)	partir (vi)	[partir]
partida (f)	départ (m)	[depar]
chegar (vi)	arriver (vi)	[arive]
chegada (f)	arrivée (f)	[arive]
chegar de trem	arriver en train	[arive ɑ̃ trɛ̃]
pegar o trem	prendre le train	[prɑ̃dr lə trɛ̃]
descer de trem	descendre du train	[desɑ̃dr dy trɛ̃]
acidente (m) ferroviário	accident (m) ferroviaire	[aksidɑ̃ ferɔvjɛr]
descarrilar (vi)	dérailler (vi)	[deraje]
locomotiva (f) a vapor	locomotive (f) à vapeur	[lɔkɔmɔtiv a vapœr]
foguista (m)	chauffeur (m)	[ʃofœr]
fornalha (f)	chauffe (f)	[ʃof]
carvão (m)	charbon (m)	[ʃarbɔ̃]

107. Barco

| navio (m) | bateau (m) | [bato] |
| embarcação (f) | navire (m) | [navir] |

barco (m) a vapor	bateau (m) à vapeur	[bato a vapœr]
barco (m) fluvial	paquebot (m)	[pakbo]
transatlântico (m)	bateau (m) de croisière	[bato də krwazjɛr]
cruzeiro (m)	croiseur (m)	[krwazœr]

iate (m)	yacht (m)	[jot]
rebocador (m)	remorqueur (m)	[rəmɔrkœr]
barcaça (f)	péniche (f)	[peniʃ]
ferry (m)	ferry (m)	[feri]

| veleiro (m) | voilier (m) | [vwalje] |
| bergantim (m) | brigantin (m) | [brigɑ̃tɛ̃] |

| quebra-gelo (m) | brise-glace (m) | [brizglas] |
| submarino (m) | sous-marin (m) | [sumarɛ̃] |

bote, barco (m)	canot (m) à rames	[kano a ram]
baleeira (bote salva-vidas)	dinghy (m)	[diŋgi]
bote (m) salva-vidas	canot (m) de sauvetage	[kano də sovtaʒ]
lancha (f)	canot (m) à moteur	[kano a mɔtœr]

capitão (m)	capitaine (m)	[kapitɛn]
marinheiro (m)	matelot (m)	[matlo]
marujo (m)	marin (m)	[marɛ̃]
tripulação (f)	équipage (m)	[ekipaʒ]

contramestre (m)	maître (m) d'équipage	[mɛtr dekipaʒ]
grumete (m)	mousse (m)	[mus]
cozinheiro (m) de bordo	cuisinier (m) du bord	[kɥizinje dy bɔr]
médico (m) de bordo	médecin (m) de bord	[medsɛ̃ də bɔr]

convés (m)	pont (m)	[pɔ̃]
mastro (m)	mât (m)	[mɑ]
vela (f)	voile (f)	[vwal]

porão (m)	cale (f)	[kal]
proa (f)	proue (f)	[pru]
popa (f)	poupe (f)	[pup]
remo (m)	rame (f)	[ram]
hélice (f)	hélice (f)	[elis]

cabine (m)	cabine (f)	[kabin]
sala (f) dos oficiais	carré (m) des officiers	[kare dezɔfisje]
sala (f) das máquinas	salle (f) des machines	[sal de maʃin]
ponte (m) de comando	passerelle (f)	[pɑsrɛl]
sala (f) de comunicações	cabine (f) de T.S.F.	[kabin də teɛsɛf]
onda (f)	onde (f)	[ɔ̃d]
diário (m) de bordo	journal (m) de bord	[ʒurnal də bɔr]
luneta (f)	longue-vue (f)	[lɔ̃gvy]
sino (m)	cloche (f)	[klɔʃ]

bandeira (f)	pavillon (m)	[pavijɔ̃]
cabo (m)	grosse corde (f) tressée	[gros kɔrd trese]
nó (m)	nœud (m) marin	[nø marɛ̃]
corrimão (m)	rampe (f)	[rɑ̃p]
prancha (f) de embarque	passerelle (f)	[pɑsrɛl]
âncora (f)	ancre (f)	[ɑ̃kr]
recolher a âncora	lever l'ancre	[ləve lɑ̃kr]
jogar a âncora	jeter l'ancre	[ʒəte lɑ̃kr]
amarra (corrente de âncora)	chaîne (f) d'ancrage	[ʃɛn dɑ̃kraʒ]
porto (m)	port (m)	[pɔr]
cais, amarradouro (m)	embarcadère (m)	[ɑ̃barkadɛr]
atracar (vi)	accoster (vi)	[akɔste]
desatracar (vi)	larguer les amarres	[large lezamar]
viagem (f)	voyage (m)	[vwajaʒ]
cruzeiro (m)	croisière (f)	[krwazjɛr]
rumo (m)	cap (m)	[kap]
itinerário (m)	itinéraire (m)	[itinerɛr]
canal (m) de navegação	chenal (m)	[ʃənal]
banco (m) de areia	bas-fond (m)	[bafɔ̃]
encalhar (vt)	échouer sur un bas-fond	[eʃwe syr œ̃ bafɔ̃]
tempestade (f)	tempête (f)	[tɑ̃pɛt]
sinal (m)	signal (m)	[siɲal]
afundar-se (vr)	sombrer (vi)	[sɔ̃bre]
Homem ao mar!	Un homme à la mer!	[ynɔm alamɛr]
SOS	SOS (m)	[ɛsoɛs]
boia (f) salva-vidas	bouée (f) de sauvetage	[bwe də sovtaʒ]

108. Aeroporto

aeroporto (m)	aéroport (m)	[aeropɔr]
avião (m)	avion (m)	[avjɔ̃]
companhia (f) aérea	compagnie (f) aérienne	[kɔ̃paɲi aerjɛn]
controlador (m) de tráfego aéreo	contrôleur (m) aérien	[kɔ̃trolœr aerjɛ̃]
partida (f)	départ (m)	[depar]
chegada (f)	arrivée (f)	[arive]
chegar (vi)	arriver (vi)	[arive]
hora (f) de partida	temps (m) de départ	[tɑ̃ də depar]
hora (f) de chegada	temps (m) d'arrivée	[tɑ̃ darive]
estar atrasado	être retardé	[ɛtr rətarde]
atraso (m) de voo	retard (m) de l'avion	[rətar də lavjɔ̃]
painel (m) de informação	tableau (m) d'informations	[tablo dɛ̃fɔrmasjɔ̃]
informação (f)	information (f)	[ɛ̃fɔrmasjɔ̃]
anunciar (vt)	annoncer (vt)	[anɔ̃se]

voo (m)	vol (m)	[vɔl]
alfândega (f)	douane (f)	[dwan]
funcionário (m) da alfândega	douanier (m)	[dwanje]

declaração (f) alfandegária	déclaration (f) de douane	[deklarasjõ də dwan]
preencher (vt)	remplir (vt)	[rãplir]
preencher a declaração	remplir la déclaration	[rãplir la deklarasjõ]
controle (m) de passaporte	contrôle (m) de passeport	[kõtrol də paspɔr]

bagagem (f)	bagage (m)	[bagaʒ]
bagagem (f) de mão	bagage (m) à main	[bagaʒ a mɛ̃]
carrinho (m)	chariot (m)	[ʃarjo]

pouso (m)	atterrissage (m)	[aterisaʒ]
pista (f) de pouso	piste (f) d'atterrissage	[pist daterisaʒ]
aterrissar (vi)	atterrir (vi)	[aterir]
escada (f) de avião	escalier (m) d'avion	[ɛskalje davjõ]

check-in (m)	enregistrement (m)	[ãrəʒistrəmã]
balcão (m) do check-in	comptoir (m) d'enregistrement	[kõtwar dãrəʒistrəmã]
fazer o check-in	s'enregistrer (vp)	[sãrəʒistre]
cartão (m) de embarque	carte (f) d'embarquement	[kart dãbarkəmã]
portão (m) de embarque	porte (f) d'embarquement	[pɔrt dãbarkəmã]

trânsito (m)	transit (m)	[trãzit]
esperar (vi, vt)	attendre (vt)	[atãdr]
sala (f) de espera	salle (f) d'attente	[sal datãt]
despedir-se (acompanhar)	raccompagner (vt)	[rakõpaɲe]
despedir-se (dizer adeus)	dire au revoir	[dir ərəvwar]

Eventos

109. Férias. Evento

festa (f)	fête (f)	[fɛt]
feriado (m) nacional	fête (f) nationale	[fɛt nasjɔnal]
feriado (m)	jour (m) férié	[ʒur ferje]
festejar (vt)	célébrer (vt)	[selebre]
evento (festa, etc.)	événement (m)	[evɛnmã]
evento (banquete, etc.)	événement (m)	[evɛnmã]
banquete (m)	banquet (m)	[bãkɛ]
recepção (f)	réception (f)	[resɛpsjõ]
festim (m)	festin (m)	[fɛstɛ̃]
aniversário (m)	anniversaire (m)	[anivɛrsɛr]
jubileu (m)	jubilé (m)	[ʒybile]
celebrar (vt)	fêter, célébrer	[fete], [selebre]
Ano (m) Novo	Nouvel An (m)	[nuvɛl ã]
Feliz Ano Novo!	Bonne année!	[bɔn ane]
Papai Noel (m)	Père Noël (m)	[pɛr nɔɛl]
Natal (m)	Noël (m)	[nɔɛl]
Feliz Natal!	Joyeux Noël!	[ʒwajø nɔɛl]
árvore (f) de Natal	arbre (m) de Noël	[arbr də noɛl]
fogos (m pl) de artifício	feux (m pl) d'artifice	[fø dartifis]
casamento (m)	mariage (m)	[marjaʒ]
noivo (m)	fiancé (m)	[fijãse]
noiva (f)	fiancée (f)	[fijãse]
convidar (vt)	inviter (vt)	[ɛ̃vite]
convite (m)	lettre (f) d'invitation	[lɛtr dɛ̃vitasjõ]
convidado (m)	invité (m)	[ɛ̃vite]
visitar (vt)	visiter (vt)	[vizite]
receber os convidados	accueillir les invités	[akœjir lezɛ̃vite]
presente (m)	cadeau (m)	[kado]
oferecer, dar (vt)	offrir (vt)	[ɔfrir]
receber presentes	recevoir des cadeaux	[rəsəvwar de kado]
buquê (m) de flores	bouquet (m)	[bukɛ]
felicitações (f pl)	félicitations (f pl)	[felisitasjõ]
felicitar (vt)	féliciter (vt)	[felisite]
cartão (m) de parabéns	carte (f) de veux	[kart də vœ]
enviar um cartão postal	envoyer une carte	[ãvwaje yn kart]
receber um cartão postal	recevoir une carte	[rəsəvwar yn kart]

brinde (m)	toast (m)	[tost]
oferecer (vt)	offrir (vt)	[ɔfrir]
champanhe (m)	champagne (m)	[ʃɑ̃paɲ]

divertir-se (vr)	s'amuser (vp)	[samyze]
diversão (f)	gaieté (f)	[gete]
alegria (f)	joie (f)	[ʒwa]

| dança (f) | danse (f) | [dɑ̃s] |
| dançar (vi) | danser (vi, vt) | [dɑ̃se] |

| valsa (f) | valse (f) | [vals] |
| tango (m) | tango (m) | [tɑ̃go] |

110. Funerais. Enterro

cemitério (m)	cimetière (m)	[simɑ̃tje]
sepultura (f), túmulo (m)	tombe (f)	[tɔ̃b]
cruz (f)	croix (f)	[krwa]
lápide (f)	pierre (f) tombale	[pjɛr tɔ̃bal]
cerca (f)	clôture (f)	[klotyr]
capela (f)	chapelle (f)	[ʃapɛl]

morte (f)	mort (f)	[mɔr]
morrer (vi)	mourir (vi)	[murir]
defunto (m)	défunt (m)	[defœ̃]
luto (m)	deuil (m)	[dœj]

enterrar, sepultar (vt)	enterrer (vt)	[ɑ̃tere]
funerária (f)	maison (f) funéraire	[mɛzɔ̃ fynerɛr]
funeral (m)	enterrement (m)	[ɑ̃tɛrmɑ̃]

coroa (f) de flores	couronne (f)	[kurɔn]
caixão (m)	cercueil (m)	[sɛrkœj]
carro (m) funerário	corbillard (m)	[kɔrbijar]
mortalha (f)	linceul (m)	[lɛ̃sœl]

procissão (f) funerária	cortège (m) funèbre	[kɔrtɛʒ fynɛbr]
urna (f) funerária	urne (f) funéraire	[yrn fynerɛr]
crematório (m)	crématoire (m)	[krematwar]

obituário (m), necrologia (f)	nécrologue (m)	[nekrɔlɔg]
chorar (vi)	pleurer (vi)	[plœre]
soluçar (vi)	sangloter (vi)	[sɑ̃glɔte]

111. Guerra. Soldados

pelotão (m)	section (f)	[sɛksjɔ̃]
companhia (f)	compagnie (f)	[kɔ̃paɲi]
regimento (m)	régiment (m)	[reʒimɑ̃]
exército (m)	armée (f)	[arme]
divisão (f)	division (f)	[divizjɔ̃]

esquadrão (m)	détachement (m)	[detaʃmã]
hoste (f)	armée (f)	[arme]
soldado (m)	soldat (m)	[sɔlda]
oficial (m)	officier (m)	[ɔfisje]
soldado (m) raso	soldat (m)	[sɔlda]
sargento (m)	sergent (m)	[sɛrʒã]
tenente (m)	lieutenant (m)	[ljøtnã]
capitão (m)	capitaine (m)	[kapitɛn]
major (m)	commandant (m)	[kɔmãdã]
coronel (m)	colonel (m)	[kɔlɔnɛl]
general (m)	général (m)	[ʒeneral]
marujo (m)	marin (m)	[marɛ̃]
capitão (m)	capitaine (m)	[kapitɛn]
contramestre (m)	maître (m) d'équipage	[mɛtr dekipaʒ]
artilheiro (m)	artilleur (m)	[artijœr]
soldado (m) paraquedista	parachutiste (m)	[paraʃytist]
piloto (m)	pilote (m)	[pilɔt]
navegador (m)	navigateur (m)	[navigatœr]
mecânico (m)	mécanicien (m)	[mekanisjɛ̃]
sapador-mineiro (m)	démineur (m)	[deminœr]
paraquedista (m)	parachutiste (m)	[paraʃytist]
explorador (m)	éclaireur (m)	[eklɛrœr]
atirador (m) de tocaia	tireur (m) d'élite	[tirœr delit]
patrulha (f)	patrouille (f)	[patruj]
patrulhar (vt)	patrouiller (vi)	[patruje]
sentinela (f)	sentinelle (f)	[sãtinɛl]
guerreiro (m)	guerrier (m)	[gɛrje]
patriota (m)	patriote (m)	[patrijɔt]
herói (m)	héros (m)	[ero]
heroína (f)	héroïne (f)	[erɔin]
traidor (m)	traître (m)	[trɛtr]
trair (vt)	trahir (vt)	[trair]
desertor (m)	déserteur (m)	[dezɛrtœr]
desertar (vt)	déserter (vt)	[dezɛrte]
mercenário (m)	mercenaire (m)	[mɛrsənɛr]
recruta (m)	recrue (f)	[rəkry]
voluntário (m)	volontaire (m)	[vɔlõtɛr]
morto (m)	mort (m)	[mɔr]
ferido (m)	blessé (m)	[blese]
prisioneiro (m) de guerra	prisonnier (m) de guerre	[prizɔnje də gɛr]

112. Guerra. Ações militares. Parte 1

guerra (f)	guerre (f)	[gɛr]
guerrear (vt)	faire la guerre	[fɛr la gɛr]

guerra (f) civil	guerre (f) civile	[gɛr sivil]
perfidamente	perfidement (adv)	[pɛrfidmã]
declaração (f) de guerra	déclaration (f) de guerre	[deklarasjõ də gɛr]
declarar guerra	déclarer (vt)	[deklare]
agressão (f)	agression (f)	[agrɛsjõ]
atacar (vt)	attaquer (vt)	[atake]

invadir (vt)	envahir (vt)	[ãvair]
invasor (m)	envahisseur (m)	[ãvaisœr]
conquistador (m)	conquérant (m)	[kõkerã]

defesa (f)	défense (f)	[defãs]
defender (vt)	défendre (vt)	[defãdr]
defender-se (vr)	se défendre (vp)	[sə defãdr]

inimigo (m)	ennemi (m)	[ɛnmi]
adversário (m)	adversaire (m)	[advɛrsɛr]
inimigo (adj)	ennemi (adj)	[ɛnmi]

| estratégia (f) | stratégie (f) | [strateʒi] |
| tática (f) | tactique (f) | [taktik] |

ordem (f)	ordre (m)	[ɔrdr]
comando (m)	commande (f)	[kɔmãd]
ordenar (vt)	ordonner (vt)	[ɔrdɔne]
missão (f)	mission (f)	[misjõ]
secreto (adj)	secret (adj)	[səkrɛ]

| batalha (f) | bataille (f) | [bataj] |
| combate (m) | combat (m) | [kõba] |

ataque (m)	attaque (f)	[atak]
assalto (m)	assaut (m)	[aso]
assaltar (vt)	prendre d'assaut	[prãdr daso]
assédio, sítio (m)	siège (m)	[sjɛʒ]

| ofensiva (f) | offensive (f) | [ɔfãsiv] |
| tomar à ofensiva | passer à l'offensive | [pase a lɔfãsiv] |

| retirada (f) | retraite (f) | [rətrɛt] |
| retirar-se (vr) | faire retraite | [fɛr rətrɛt] |

| cerco (m) | encerclement (m) | [ãsɛrkləmã] |
| cercar (vt) | encercler (vt) | [ãsɛrkle] |

bombardeio (m)	bombardement (m)	[bõbardəmã]
lançar uma bomba	lancer une bombe	[lãse yn bõb]
bombardear (vt)	bombarder (vt)	[bõbarde]
explosão (f)	explosion (f)	[ɛksplozjõ]

tiro (m)	coup (m) de feu	[ku də fø]
dar um tiro	tirer un coup de feu	[tire œ̃ ku də fø]
tiroteio (m)	fusillade (f)	[fyzijad]

| apontar para ... | viser (vt) | [vize] |
| apontar (vt) | pointer (sur ...) | [pwɛ̃te syr] |

acertar (vt)	atteindre (vt)	[atɛ̃dr]
afundar (~ um navio, etc.)	faire sombrer	[fɛr sɔ̃bre]
brecha (f)	trou (m)	[tru]
afundar-se (vr)	sombrer (vi)	[sɔ̃bre]

frente (m)	front (m)	[frɔ̃]
evacuação (f)	évacuation (f)	[evakɥasjɔ̃]
evacuar (vt)	évacuer (vt)	[evakɥe]

trincheira (f)	tranchée (f)	[trɑ̃ʃe]
arame (m) enfarpado	barbelés (m pl)	[barbəle]
barreira (f) anti-tanque	barrage (m)	[baraʒ]
torre (f) de vigia	tour (f) de guet	[tur də gɛ]

hospital (m) militar	hôpital (m)	[ɔpital]
ferir (vt)	blesser (vt)	[blese]
ferida (f)	blessure (f)	[blesyr]
ferido (m)	blessé (m)	[blese]
ficar ferido	être blessé	[ɛtr blese]
grave (ferida ~)	grave (adj)	[grav]

113. Guerra. Ações militares. Parte 2

cativeiro (m)	captivité (f)	[kaptivite]
capturar (vt)	captiver (vt)	[kaptive]
estar em cativeiro	être prisonnier	[ɛtr prizɔnje]
ser aprisionado	être fait prisonnier	[ɛtr fɛ prizɔnje]

campo (m) de concentração	camp (m) de concentration	[kɑ̃ də kɔ̃sɑ̃trasjɔ̃]
prisioneiro (m) de guerra	prisonnier (m) de guerre	[prizɔnje də gɛr]
escapar (vi)	s'enfuir (vp)	[sɑ̃fɥir]

trair (vt)	trahir (vt)	[trair]
traidor (m)	traître (m)	[trɛtr]
traição (f)	trahison (f)	[traizɔ̃]

fuzilar, executar (vt)	fusiller (vt)	[fyzije]
fuzilamento (m)	fusillade (f)	[fyzijad]

equipamento (m)	équipement (m)	[ekipmɑ̃]
insígnia (f) de ombro	épaulette (f)	[epolɛt]
máscara (f) de gás	masque (m) à gaz	[mask ɑ gaz]

rádio (m)	émetteur (m) radio	[emetœr radjo]
cifra (f), código (m)	chiffre (m)	[ʃifr]
conspiração (f)	conspiration (f)	[kɔ̃spirasjɔ̃]
senha (f)	mot (m) de passe	[mo də pɑs]

mina (f)	mine (f) terrestre	[min tɛrɛstr]
minar (vt)	miner (vt)	[mine]
campo (m) minado	champ (m) de mines	[ʃɑ̃ də min]

alarme (m) aéreo	alerte (f) aérienne	[alɛrt aerjɛ̃]
alarme (m)	signal (m) d'alarme	[siɲal dalarm]

sinal (m)	signal (m)	[siɲal]
sinalizador (m)	fusée signal (f)	[fyze siɲal]

quartel-general (m)	état-major (m)	[eta maʒɔr]
reconhecimento (m)	reconnaissance (f)	[rəkɔnɛsɑ̃s]
situação (f)	situation (f)	[sityasjɔ̃]
relatório (m)	rapport (m)	[rapɔr]
emboscada (f)	embuscade (f)	[ɑ̃byskad]
reforço (m)	renfort (m)	[rɑ̃fɔr]

alvo (m)	cible (f)	[sibl]
campo (m) de tiro	polygone (m)	[pɔligɔn]
manobras (f pl)	manœuvres (f pl)	[manœvr]

pânico (m)	panique (f)	[panik]
devastação (f)	dévastation (f)	[devastasjɔ̃]
ruínas (f pl)	destructions (f pl)	[dɛstryksjɔ̃]
destruir (vt)	détruire (vt)	[detrɥir]

sobreviver (vi)	survivre (vi)	[syrvivr]
desarmar (vt)	désarmer (vt)	[dezarme]
manusear (vt)	manier (vt)	[manje]

Sentido!	Garde-à-vous! Fixe!	[gardavu], [fiks]
Descansar!	Repos!	[rəpo]

façanha (f)	exploit (m)	[ɛksplwa]
juramento (m)	serment (m)	[sɛrmɑ̃]
jurar (vi)	jurer (vi)	[ʒyre]

condecoração (f)	décoration (f)	[dekɔrasjɔ̃]
condecorar (vt)	décorer (vt)	[dekɔre]
medalha (f)	médaille (f)	[medaj]
ordem (f)	ordre (m)	[ɔrdr]

vitória (f)	victoire (f)	[viktwar]
derrota (f)	défaite (f)	[defɛt]
armistício (m)	armistice (m)	[armistis]

bandeira (f)	drapeau (m)	[drapo]
glória (f)	gloire (f)	[glwar]
parada (f)	défilé (m)	[defile]
marchar (vi)	marcher (vi)	[marʃe]

114. Armas

arma (f)	arme (f)	[arm]
arma (f) de fogo	armes (f pl) à feu	[arm ɑ fø]
arma (f) branca	armes (f pl) blanches	[arm blɑ̃ʃ]

arma (f) química	arme (f) chimique	[arm ʃimik]
nuclear (adj)	nucléaire (adj)	[nykleɛr]
arma (f) nuclear	arme (f) nucléaire	[arm nykleɛr]
bomba (f)	bombe (f)	[bɔ̃b]

bomba (f) atômica	bombe (f) atomique	[bɔ̃b atɔmik]
pistola (f)	pistolet (m)	[pistɔlɛ]
rifle (m)	fusil (m)	[fyzi]
semi-automática (f)	mitraillette (f)	[mitrɑjɛt]
metralhadora (f)	mitrailleuse (f)	[mitrɑjøz]
boca (f)	bouche (f)	[buʃ]
cano (m)	canon (m)	[kanɔ̃]
calibre (m)	calibre (m)	[kalibr]
gatilho (m)	gâchette (f)	[gaʃɛt]
mira (f)	mire (f)	[mir]
carregador (m)	magasin (m)	[magazɛ̃]
coronha (f)	crosse (f)	[krɔs]
granada (f) de mão	grenade (f)	[grənad]
explosivo (m)	explosif (m)	[ɛksplozif]
bala (f)	balle (f)	[bal]
cartucho (m)	cartouche (f)	[kartuʃ]
carga (f)	charge (f)	[ʃarʒ]
munições (f pl)	munitions (f pl)	[mynisjɔ̃]
bombardeiro (m)	bombardier (m)	[bɔ̃bardje]
avião (m) de caça	avion (m) de chasse	[avjɔ̃ də ʃas]
helicóptero (m)	hélicoptère (m)	[elikɔptɛr]
canhão (m) antiaéreo	pièce (f) de D.C.A.	[pjɛs də deseɑ]
tanque (m)	char (m)	[ʃar]
canhão (de um tanque)	canon (m)	[kanɔ̃]
artilharia (f)	artillerie (f)	[artijri]
canhão (m)	canon (m)	[kanɔ̃]
fazer a pontaria	pointer sur ...	[pwɛ̃te syr]
projétil (m)	obus (m)	[ɔby]
granada (f) de morteiro	obus (m) de mortier	[ɔby də mɔrtje]
morteiro (m)	mortier (m)	[mɔrtje]
estilhaço (m)	éclat (m) d'obus	[ekla dɔby]
submarino (m)	sous-marin (m)	[sumarɛ̃]
torpedo (m)	torpille (f)	[tɔrpij]
míssil (m)	missile (m)	[misil]
carregar (uma arma)	charger (vt)	[ʃarʒe]
disparar, atirar (vi)	tirer (vi)	[tire]
apontar para ...	viser (vt)	[vize]
baioneta (f)	baïonnette (f)	[bajɔnɛt]
espada (f)	épée (f)	[epe]
sabre (m)	sabre (m)	[sabr]
lança (f)	lance (f)	[lɑ̃s]
arco (m)	arc (m)	[ark]
flecha (f)	flèche (f)	[flɛʃ]
mosquete (m)	mousquet (m)	[muskɛ]
besta (f)	arbalète (f)	[arbalɛt]

115. Povos da antiguidade

primitivo (adj)	**primitif** (adj)	[primitif]
pré-histórico (adj)	**préhistorique** (adj)	[preistɔrik]
antigo (adj)	**ancien** (adj)	[ɑ̃sjɛ̃]
Idade (f) da Pedra	**Âge** (m) **de Pierre**	[ɑʒ də pjɛr]
Idade (f) do Bronze	**Âge** (m) **de Bronze**	[ɑʒ də brɔ̃z]
Era (f) do Gelo	**période** (f) **glaciaire**	[perjɔd glasjɛr]
tribo (f)	**tribu** (f)	[triby]
canibal (m)	**cannibale** (m)	[kanibal]
caçador (m)	**chasseur** (m)	[ʃasœr]
caçar (vi)	**chasser** (vi, vt)	[ʃase]
mamute (m)	**mammouth** (m)	[mamut]
caverna (f)	**caverne** (f)	[kavɛrn]
fogo (m)	**feu** (m)	[fø]
fogueira (f)	**feu** (m) **de bois**	[fø də bwa]
pintura (f) rupestre	**dessin** (m) **rupestre**	[desɛ̃ rypɛstr]
ferramenta (f)	**outil** (m)	[uti]
lança (f)	**lance** (f)	[lɑ̃s]
machado (m) de pedra	**hache** (f) **en pierre**	[aʃɑ̃ pjɛr]
guerrear (vt)	**faire la guerre**	[fɛr la gɛr]
domesticar (vt)	**domestiquer** (vt)	[dɔmɛstike]
ídolo (m)	**idole** (f)	[idɔl]
adorar, venerar (vt)	**adorer, vénérer** (vt)	[adɔre], [venere]
superstição (f)	**superstition** (f)	[sypɛrstisjɔ̃]
ritual (m)	**rite** (m)	[rit]
evolução (f)	**évolution** (f)	[evɔlysjɔ̃]
desenvolvimento (m)	**développement** (m)	[devlɔpmɑ̃]
extinção (f)	**disparition** (f)	[disparisjɔ̃]
adaptar-se (vr)	**s'adapter** (vp)	[sadapte]
arqueologia (f)	**archéologie** (f)	[arkeɔlɔʒi]
arqueólogo (m)	**archéologue** (m)	[arkeɔlɔg]
arqueológico (adj)	**archéologique** (adj)	[arkeɔlɔʒik]
escavação (sítio)	**site** (m) **d'excavation**	[sit dɛkskavasjɔ̃]
escavações (f pl)	**fouilles** (f pl)	[fuj]
achado (m)	**trouvaille** (f)	[truvaj]
fragmento (m)	**fragment** (m)	[fragmɑ̃]

116. Idade média

povo (m)	**peuple** (m)	[pœpl]
povos (m pl)	**peuples** (m pl)	[pœpl]
tribo (f)	**tribu** (f)	[triby]
tribos (f pl)	**tribus** (f pl)	[triby]
bárbaros (pl)	**Barbares** (m pl)	[barbar]

galeses (pl)	**Gaulois** (m pl)	[golwa]
godos (pl)	**Goths** (m pl)	[go]
eslavos (pl)	**Slaves** (m pl)	[slav]
viquingues (pl)	**Vikings** (m pl)	[vikiŋ]
romanos (pl)	**Romains** (m pl)	[rɔmɛ̃]
romano (adj)	**romain** (adj)	[rɔmɛ̃]
bizantinos (pl)	**byzantins** (m pl)	[bizɑ̃tɛ̃]
Bizâncio	**Byzance** (f)	[bizɑ̃s]
bizantino (adj)	**byzantin** (adj)	[bizɑ̃tɛ̃]
imperador (m)	**empereur** (m)	[ɑ̃prœr]
líder (m)	**chef** (m)	[ʃɛf]
poderoso (adj)	**puissant** (adj)	[pɥisɑ̃]
rei (m)	**roi** (m)	[rwa]
governante (m)	**gouverneur** (m)	[guvɛrnœr]
cavaleiro (m)	**chevalier** (m)	[ʃəvalje]
senhor feudal (m)	**féodal** (m)	[feɔdal]
feudal (adj)	**féodal** (adj)	[feɔdal]
vassalo (m)	**vassal** (m)	[vasal]
duque (m)	**duc** (m)	[dyk]
conde (m)	**comte** (m)	[kɔ̃t]
barão (m)	**baron** (m)	[barɔ̃]
bispo (m)	**évêque** (m)	[evɛk]
armadura (f)	**armure** (f)	[armyr]
escudo (m)	**bouclier** (m)	[buklije]
espada (f)	**épée** (f), **glaive** (m)	[epe], [glɛv]
viseira (f)	**visière** (f)	[vizjɛr]
cota (f) de malha	**cotte** (f) **de mailles**	[kɔt də maj]
cruzada (f)	**croisade** (f)	[krwazad]
cruzado (m)	**croisé** (m)	[krwaze]
território (m)	**territoire** (m)	[tɛritwar]
atacar (vt)	**attaquer** (vt)	[atake]
conquistar (vt)	**conquérir** (vt)	[kɔ̃kerir]
ocupar, invadir (vt)	**occuper** (vt)	[ɔkype]
assédio, sítio (m)	**siège** (m)	[sjɛʒ]
sitiado (adj)	**assiégé** (adj)	[asjeʒe]
assediar, sitiar (vt)	**assiéger** (vt)	[asjeʒe]
inquisição (f)	**inquisition** (f)	[ɛ̃kizisjɔ̃]
inquisidor (m)	**inquisiteur** (m)	[ɛ̃kizitœr]
tortura (f)	**torture** (f)	[tɔrtyr]
cruel (adj)	**cruel** (adj)	[kryɛl]
herege (m)	**hérétique** (m)	[eretik]
heresia (f)	**hérésie** (f)	[erezi]
navegação (f) marítima	**navigation** (f) **en mer**	[navigasjɔn ɑ̃ mɛr]
pirata (m)	**pirate** (m)	[pirat]
pirataria (f)	**piraterie** (f)	[piratri]

abordagem (f)	abordage (m)	[abɔrdaʒ]
presa (f), butim (m)	butin (m)	[bytɛ̃]
tesouros (m pl)	trésor (m)	[trezɔr]
descobrimento (m)	découverte (f)	[dekuvɛrt]
descobrir (novas terras)	découvrir (vt)	[dekuvrir]
expedição (f)	expédition (f)	[ɛkspedisjɔ̃]
mosqueteiro (m)	mousquetaire (m)	[muskətɛr]
cardeal (m)	cardinal (m)	[kardinal]
heráldica (f)	héraldique (f)	[eraldik]
heráldico (adj)	héraldique (adj)	[eraldik]

117. Líder. Chefe. Autoridades

rei (m)	roi (m)	[rwa]
rainha (f)	reine (f)	[rɛn]
real (adj)	royal (adj)	[rwajal]
reino (m)	royaume (m)	[rwajom]
príncipe (m)	prince (m)	[prɛ̃s]
princesa (f)	princesse (f)	[prɛ̃sɛs]
presidente (m)	président (m)	[prezidã]
vice-presidente (m)	vice-président (m)	[visprezidã]
senador (m)	sénateur (m)	[senatœr]
monarca (m)	monarque (m)	[mɔnark]
governante (m)	gouverneur (m)	[guvɛrnœr]
ditador (m)	dictateur (m)	[diktatœr]
tirano (m)	tyran (m)	[tirã]
magnata (m)	magnat (m)	[maɲa]
diretor (m)	directeur (m)	[dirɛktœr]
chefe (m)	chef (m)	[ʃɛf]
gerente (m)	gérant (m)	[ʒerã]
patrão (m)	boss (m)	[bɔs]
dono (m)	patron (m)	[patrɔ̃]
líder (m)	leader (m)	[lidœr]
chefe (m)	chef (m)	[ʃɛf]
autoridades (f pl)	autorités (f pl)	[ɔtɔrite]
superiores (m pl)	supérieurs (m pl)	[syperjœr]
governador (m)	gouverneur (m)	[guvɛrnœr]
cônsul (m)	consul (m)	[kɔ̃syl]
diplomata (m)	diplomate (m)	[diplɔmat]
Presidente (m) da Câmara	maire (m)	[mɛr]
xerife (m)	shérif (m)	[ʃerif]
imperador (m)	empereur (m)	[ãprœr]
czar (m)	tsar (m)	[tsar]
faraó (m)	pharaon (m)	[faraɔ̃]
cã, khan (m)	khan (m)	[kã]

118. Violação da lei. Criminosos. Parte 1

bandido (m)	**bandit** (m)	[bãdi]
crime (m)	**crime** (m)	[krim]
criminoso (m)	**criminel** (m)	[kriminɛl]
ladrão (m)	**voleur** (m)	[vɔlœr]
roubar (vt)	**voler** (vt)	[vɔle]
furto, roubo (m)	**vol** (m)	[vɔl]
raptar, sequestrar (vt)	**kidnapper** (vt)	[kidnape]
sequestro (m)	**kidnapping** (m)	[kidnapiŋ]
sequestrador (m)	**kidnappeur** (m)	[kidnapœr]
resgate (m)	**rançon** (f)	[rãsõ]
pedir resgate	**exiger une rançon**	[ɛgziʒe yn rãsõ]
roubar (vt)	**cambrioler** (vt)	[kãbrijɔle]
assalto, roubo (m)	**cambriolage** (m)	[kãbrijɔlaʒ]
assaltante (m)	**cambrioleur** (m)	[kãbrijɔlœr]
extorquir (vt)	**extorquer** (vt)	[ɛkstɔrke]
extorsionário (m)	**extorqueur** (m)	[ɛkstɔrkœr]
extorsão (f)	**extorsion** (f)	[ɛkstɔrsjõ]
matar, assassinar (vt)	**tuer** (vt)	[tɥe]
homicídio (m)	**meurtre** (m)	[mœrtr]
homicida, assassino (m)	**meurtrier** (m)	[mœrtrije]
tiro (m)	**coup** (m) **de feu**	[ku də fø]
dar um tiro	**tirer un coup de feu**	[tire œ̃ ku də fø]
matar a tiro	**abattre** (vt)	[abatr]
disparar, atirar (vi)	**tirer** (vi)	[tire]
tiroteio (m)	**coups** (m pl) **de feu**	[ku də fø]
incidente (m)	**incident** (m)	[ɛ̃sidã]
briga (~ de rua)	**bagarre** (f)	[bagar]
Socorro!	**Au secours!**	[osəkur]
vítima (f)	**victime** (f)	[viktim]
danificar (vt)	**endommager** (vt)	[ãdɔmaʒe]
dano (m)	**dommage** (m)	[dɔmaʒ]
cadáver (m)	**cadavre** (m)	[kadavr]
grave (adj)	**grave** (adj)	[grav]
atacar (vt)	**attaquer** (vt)	[atake]
bater (espancar)	**battre** (vt)	[batr]
espancar (vt)	**passer à tabac**	[pɑse ɑ taba]
tirar, roubar (dinheiro)	**prendre** (vt)	[prãdr]
esfaquear (vt)	**poignarder** (vt)	[pwaɲarde]
mutilar (vt)	**mutiler** (vt)	[mytile]
ferir (vt)	**blesser** (vt)	[blese]
chantagem (f)	**chantage** (m)	[ʃãtaʒ]
chantagear (vt)	**faire chanter**	[fɛr ʃãte]

chantagista (m)	maître (m) chanteur	[mɛtr ʃɑ̃tœr]
extorsão (f)	racket (m) de protection	[rakɛt də prɔtɛksjɔ̃]
extorsionário (m)	racketteur (m)	[rakɛtœr]
gângster (m)	gangster (m)	[gɑ̃gstɛr]
máfia (f)	mafia (f)	[mafja]

punguista (m)	pickpocket (m)	[pikpɔkɛt]
assaltante, ladrão (m)	cambrioleur (m)	[kɑ̃brijɔlœr]
contrabando (m)	contrebande (f)	[kɔ̃trəbɑ̃d]
contrabandista (m)	contrebandier (m)	[kɔ̃trebɑ̃dje]

falsificação (f)	contrefaçon (f)	[kɔ̃trəfasɔ̃]
falsificar (vt)	falsifier (vt)	[falsifje]
falsificado (adj)	faux (adj)	[fo]

119. Violação da lei. Criminosos. Parte 2

estupro (m)	viol (m)	[vjɔl]
estuprar (vt)	violer (vt)	[vjɔle]
estuprador (m)	violeur (m)	[vjɔlœr]
maníaco (m)	maniaque (m)	[manjak]

prostituta (f)	prostituée (f)	[prɔstitɥe]
prostituição (f)	prostitution (f)	[prɔstitysjɔ̃]
cafetão (m)	souteneur (m)	[sutnœr]

| drogado (m) | drogué (m) | [drɔge] |
| traficante (m) | trafiquant (m) de drogue | [trafikɑ̃ də drɔg] |

explodir (vt)	faire exploser	[fɛr ɛksploze]
explosão (f)	explosion (f)	[ɛksplozjɔ̃]
incendiar (vt)	mettre feu	[mɛtr fø]
incendiário (m)	incendiaire (m)	[ɛ̃sɑ̃djɛr]

terrorismo (m)	terrorisme (m)	[tɛrɔrism]
terrorista (m)	terroriste (m)	[tɛrɔrist]
refém (m)	otage (m)	[ɔtaʒ]

enganar (vt)	escroquer (vt)	[ɛskrɔke]
engano (m)	escroquerie (f)	[ɛskrɔkri]
vigarista (m)	escroc (m)	[ɛskro]

subornar (vt)	soudoyer (vt)	[sudwaje]
suborno (atividade)	corruption (f)	[kɔrypsjɔ̃]
suborno (dinheiro)	pot-de-vin (m)	[podvɛ̃]

veneno (m)	poison (m)	[pwazɔ̃]
envenenar (vt)	empoisonner (vt)	[ɑ̃pwazɔne]
envenenar-se (vr)	s'empoisonner (vp)	[sɑ̃pwazɔne]

suicídio (m)	suicide (m)	[sɥisid]
suicida (m)	suicidé (m)	[sɥiside]
ameaçar (vt)	menacer (vt)	[mənase]
ameaça (f)	menace (f)	[mənas]

| atentar contra a vida de ... | attenter (vt) | [atɑ̃te] |
| atentado (m) | attentat (m) | [atɑ̃ta] |

| roubar (um carro) | voler (vt) | [vɔle] |
| sequestrar (um avião) | détourner (vt) | [deturne] |

| vingança (f) | vengeance (f) | [vɑ̃ʒɑ̃s] |
| vingar (vt) | se venger (vp) | [sə vɑ̃ʒe] |

torturar (vt)	torturer (vt)	[tɔrtyre]
tortura (f)	torture (f)	[tɔrtyr]
atormentar (vt)	tourmenter (vt)	[turmɑ̃te]

pirata (m)	pirate (m)	[pirat]
desordeiro (m)	voyou (m)	[vwaju]
armado (adj)	armé (adj)	[arme]
violência (f)	violence (f)	[vjɔlɑ̃s]
ilegal (adj)	illégal (adj)	[ilegal]

| espionagem (f) | espionnage (m) | [ɛspjɔnaʒ] |
| espionar (vi) | espionner (vt) | [ɛspjɔne] |

120. Polícia. Lei. Parte 1

| justiça (sistema de ~) | justice (f) | [ʒystis] |
| tribunal (m) | tribunal (m) | [tribynal] |

juiz (m)	juge (m)	[ʒyʒ]
jurados (m pl)	jury (m)	[ʒyri]
tribunal (m) do júri	cour (f) d'assises	[kur dasiz]
julgar (vt)	juger (vt)	[ʒyʒe]

advogado (m)	avocat (m)	[avɔka]
réu (m)	accusé (m)	[akyze]
banco (m) dos réus	banc (m) des accusés	[bɑ̃ dezakyze]

| acusação (f) | inculpation (f) | [ɛ̃kylpasjɔ̃] |
| acusado (m) | inculpé (m) | [ɛ̃kylpe] |

| sentença (f) | condamnation (f) | [kɔ̃danasjɔ̃] |
| sentenciar (vt) | condamner (vt) | [kɔ̃dane] |

culpado (m)	coupable (m)	[kupabl]
punir (vt)	punir (vt)	[pynir]
punição (f)	punition (f)	[pynisjɔ̃]

multa (f)	amende (f)	[amɑ̃d]
prisão (f) perpétua	détention (f) à vie	[detɑ̃sjɔ̃ a vi]
pena (f) de morte	peine (f) de mort	[pɛn də mɔr]
cadeira (f) elétrica	chaise (f) électrique	[ʃɛz elɛktrik]
forca (f)	potence (f)	[potɑ̃s]

| executar (vt) | exécuter (vt) | [ɛgzekyte] |
| execução (f) | exécution (f) | [ɛgzekysjɔ̃] |

prisão (f)	prison (f)	[prizõ]
cela (f) de prisão	cellule (f)	[selyl]

escolta (f)	escorte (f)	[ɛskɔrt]
guarda (m) prisional	gardien (m) de prison	[gardjɛ̃ də prizõ]
preso, prisioneiro (m)	prisonnier (m)	[prizɔnje]

algemas (f pl)	menottes (f pl)	[mənɔt]
algemar (vt)	mettre les menottes	[mɛtr le mənɔt]

fuga, evasão (f)	évasion (f)	[evazjõ]
fugir (vi)	s'évader (vp)	[sevade]
desaparecer (vi)	disparaître (vi)	[disparɛtr]
soltar, libertar (vt)	libérer (vt)	[libere]
anistia (f)	amnistie (f)	[amnisti]

polícia (instituição)	police (f)	[pɔlis]
polícia (m)	policier (m)	[pɔlisje]
delegacia (f) de polícia	commissariat (m) de police	[kɔmisarja də pɔlis]
cassetete (m)	matraque (f)	[matrak]
megafone (m)	haut parleur (m)	[o parlœr]

carro (m) de patrulha	voiture (f) de patrouille	[vwatyr də patruj]
sirene (f)	sirène (f)	[sirɛn]
ligar a sirene	enclencher la sirène	[ãklãʃe la sirɛn]
toque (m) da sirene	hurlement (m) de la sirène	[yrləmã dəla sirɛn]

cena (f) do crime	lieu (m) du crime	[ljø dy krim]
testemunha (f)	témoin (m)	[temwɛ̃]
liberdade (f)	liberté (f)	[libɛrte]
cúmplice (m)	complice (m)	[kõplis]
escapar (vi)	s'enfuir (vp)	[sãfyir]
traço (não deixar ~s)	trace (f)	[tras]

121. Polícia. Lei. Parte 2

procura (f)	recherche (f)	[rəʃɛrʃ]
procurar (vt)	rechercher (vt)	[rəʃɛrʃe]
suspeita (f)	suspicion (f)	[syspisjõ]
suspeito (adj)	suspect (adj)	[syspɛ]
parar (veículo, etc.)	arrêter (vt)	[arete]
deter (fazer parar)	détenir (vt)	[detnir]

caso (~ criminal)	affaire (f)	[afɛr]
investigação (f)	enquête (f)	[ãkɛt]
detetive (m)	détective (m)	[detɛktiv]
investigador (m)	enquêteur (m)	[ãkɛtœr]
versão (f)	hypothèse (f)	[ipɔtɛz]

motivo (m)	motif (m)	[mɔtif]
interrogatório (m)	interrogatoire (m)	[ɛ̃terɔgatwar]
interrogar (vt)	interroger (vt)	[ɛ̃terɔʒe]
questionar (vt)	interroger (vt)	[ɛ̃terɔʒe]
verificação (f)	inspection (f)	[ɛ̃spɛksjõ]

batida (f) policial	rafle (f)	[rafl]
busca (f)	perquisition (f)	[pɛrkizisjõ]
perseguição (f)	poursuite (f)	[pursɥit]
perseguir (vt)	poursuivre (vt)	[pursɥivr]
seguir, rastrear (vt)	dépister (vt)	[depiste]

prisão (f)	arrestation (f)	[arɛstasjõ]
prender (vt)	arrêter (vt)	[arete]
pegar, capturar (vt)	attraper (vt)	[atrape]
captura (f)	capture (f)	[kaptyr]

documento (m)	document (m)	[dɔkymã]
prova (f)	preuve (f)	[prœv]
provar (vt)	prouver (vt)	[pruve]
pegada (f)	empreinte (f) de pied	[ãprɛ̃t də pje]
impressões (f pl) digitais	empreintes (f pl) digitales	[ãprɛ̃t diʒital]
prova (f)	élément (m) de preuve	[elemã də prœv]

álibi (m)	alibi (m)	[alibi]
inocente (adj)	innocent (adj)	[inɔsã]
injustiça (f)	injustice (f)	[ɛ̃ʒystis]
injusto (adj)	injuste (adj)	[ɛ̃ʒyst]

criminal (adj)	criminel (adj)	[kriminɛl]
confiscar (vt)	confisquer (vt)	[kõfiske]
droga (f)	drogue (f)	[drɔg]
arma (f)	arme (f)	[arm]
desarmar (vt)	désarmer (vt)	[dezarme]
ordenar (vt)	ordonner (vt)	[ɔrdɔne]
desaparecer (vi)	disparaître (vi)	[disparɛtr]

lei (f)	loi (f)	[lwa]
legal (adj)	légal (adj)	[legal]
ilegal (adj)	illégal (adj)	[ilegal]

| responsabilidade (f) | responsabilité (f) | [rɛspõsabilite] |
| responsável (adj) | responsable (adj) | [rɛspõsabl] |

NATUREZA

A Terra. Parte 1

122. Espaço sideral

espaço, cosmo (m)	cosmos (m)	[kɔsmos]
espacial, cósmico (adj)	cosmique (adj)	[kɔsmik]
espaço (m) cósmico	espace (m) cosmique	[ɛspas kɔsmik]
mundo (m)	monde (m)	[mɔ̃d]
universo (m)	univers (m)	[ynivɛr]
galáxia (f)	galaxie (f)	[galaksi]
estrela (f)	étoile (f)	[etwal]
constelação (f)	constellation (f)	[kɔ̃stelasjɔ̃]
planeta (m)	planète (f)	[planɛt]
satélite (m)	satellite (m)	[satelit]
meteorito (m)	météorite (m)	[meteɔrit]
cometa (m)	comète (f)	[kɔmɛt]
asteroide (m)	astéroïde (m)	[asterɔid]
órbita (f)	orbite (f)	[ɔrbit]
girar (vi)	tourner (vi)	[turne]
atmosfera (f)	atmosphère (f)	[atmɔsfɛr]
Sol (m)	Soleil (m)	[sɔlɛj]
Sistema (m) Solar	système (m) solaire	[sistɛm sɔlɛr]
eclipse (m) solar	éclipse (f) de soleil	[leklips də sɔlɛj]
Terra (f)	Terre (f)	[tɛr]
Lua (f)	Lune (f)	[lyn]
Marte (m)	Mars (m)	[mars]
Vênus (f)	Vénus (f)	[venys]
Júpiter (m)	Jupiter (m)	[ʒypitɛr]
Saturno (m)	Saturne (m)	[satyrn]
Mercúrio (m)	Mercure (m)	[mɛrkyr]
Urano (m)	Uranus (m)	[yranys]
Netuno (m)	Neptune	[nɛptyn]
Plutão (m)	Pluton (m)	[plytɔ̃]
Via Láctea (f)	la Voie Lactée	[la vwa lakte]
Ursa Maior (f)	la Grande Ours	[la grɑ̃d urs]
Estrela Polar (f)	la Polaire	[la pɔlɛr]
marciano (m)	martien (m)	[marsjɛ̃]
extraterrestre (m)	extraterrestre (m)	[ɛkstratɛrɛstr]

| alienígena (m) | alien (m) | [aljen] |
| disco (m) voador | soucoupe (f) volante | [sukup vɔlɑ̃t] |

espaçonave (f)	vaisseau (m) spatial	[vɛso spasjal]
estação (f) orbital	station (f) orbitale	[stasjɔ̃ ɔrbital]
lançamento (m)	lancement (m)	[lɑ̃smɑ̃]

motor (m)	moteur (m)	[mɔtœr]
bocal (m)	tuyère (f)	[tyjɛr]
combustível (m)	carburant (m)	[karbyrɑ̃]

cabine (f)	cabine (f)	[kabin]
antena (f)	antenne (f)	[ɑ̃tɛn]
vigia (f)	hublot (m)	[yblo]
bateria (f) solar	batterie (f) solaire	[batri sɔlɛr]
traje (m) espacial	scaphandre (m)	[skafɑ̃dr]

| imponderabilidade (f) | apesanteur (f) | [apəzɑ̃tœr] |
| oxigênio (m) | oxygène (m) | [ɔksiʒɛn] |

| acoplagem (f) | arrimage (m) | [arimaʒ] |
| fazer uma acoplagem | s'arrimer à ... | [sarime a] |

observatório (m)	observatoire (m)	[ɔpsɛrvatwar]
telescópio (m)	télescope (m)	[teleskɔp]
observar (vt)	observer (vt)	[ɔpsɛrve]
explorar (vt)	explorer (vt)	[ɛksplɔre]

123. A Terra

Terra (f)	Terre (f)	[tɛr]
globo terrestre (Terra)	globe (m) terrestre	[glɔb tɛrɛstr]
planeta (m)	planète (f)	[planɛt]

atmosfera (f)	atmosphère (f)	[atmɔsfɛr]
geografia (f)	géographie (f)	[ʒeɔgrafi]
natureza (f)	nature (f)	[natyr]

globo (mapa esférico)	globe (m) de table	[glɔb də tabl]
mapa (m)	carte (f)	[kart]
atlas (m)	atlas (m)	[atlas]

| Europa (f) | Europe (f) | [ørɔp] |
| Ásia (f) | Asie (f) | [azi] |

| África (f) | Afrique (f) | [afrik] |
| Austrália (f) | Australie (f) | [ostrali] |

América (f)	Amérique (f)	[amerik]
América (f) do Norte	Amérique (f) du Nord	[amerik dy nɔr]
América (f) do Sul	Amérique (f) du Sud	[amerik dy syd]

| Antártida (f) | l'Antarctique (m) | [lɑ̃tarktik] |
| Ártico (m) | l'Arctique (m) | [larktik] |

124. Pontos cardeais

norte (m)	**nord** (m)	[nɔr]
para norte	**vers le nord**	[vɛr lə nɔr]
no norte	**au nord**	[onɔr]
do norte (adj)	**du nord** (adj)	[dy nɔr]
sul (m)	**sud** (m)	[syd]
para sul	**vers le sud**	[vɛr lə syd]
no sul	**au sud**	[osyd]
do sul (adj)	**du sud** (adj)	[dy syd]
oeste, ocidente (m)	**ouest** (m)	[wɛst]
para oeste	**vers l'occident**	[vɛr lɔksidã]
no oeste	**à l'occident**	[alɔksidã]
ocidental (adj)	**occidental** (adj)	[ɔksidãtal]
leste, oriente (m)	**est** (m)	[ɛst]
para leste	**vers l'orient**	[vɛr lɔrjã]
no leste	**à l'orient**	[alɔrjã]
oriental (adj)	**oriental** (adj)	[ɔrjãtal]

125. Mar. Oceano

mar (m)	**mer** (f)	[mɛr]
oceano (m)	**océan** (m)	[ɔseã]
golfo (m)	**golfe** (m)	[gɔlf]
estreito (m)	**détroit** (m)	[detrwa]
terra (f) firme	**terre** (f) **ferme**	[tɛr fɛrm]
continente (m)	**continent** (m)	[kõtinã]
ilha (f)	**île** (f)	[il]
península (f)	**presqu'île** (f)	[prɛskil]
arquipélago (m)	**archipel** (m)	[arʃipɛl]
baía (f)	**baie** (f)	[bɛ]
porto (m)	**port** (m)	[pɔr]
lagoa (f)	**lagune** (f)	[lagyn]
cabo (m)	**cap** (m)	[kap]
atol (m)	**atoll** (m)	[atɔl]
recife (m)	**récif** (m)	[resif]
coral (m)	**corail** (m)	[kɔraj]
recife (m) de coral	**récif** (m) **de corail**	[resif də kɔraj]
profundo (adj)	**profond** (adj)	[prɔfõ]
profundidade (f)	**profondeur** (f)	[prɔfõdœr]
abismo (m)	**abîme** (m)	[abim]
fossa (f) oceânica	**fosse** (f) **océanique**	[fos ɔseanik]
corrente (f)	**courant** (m)	[kurã]
banhar (vt)	**baigner** (vt)	[beɲe]
litoral (m)	**littoral** (m)	[litɔral]

costa (f)	côte (f)	[kot]
maré (f) alta	marée (f) haute	[mare ot]
refluxo (m)	marée (f) basse	[mare bas]
restinga (f)	banc (m) de sable	[bã də sabl]
fundo (m)	fond (m)	[fõ]
onda (f)	vague (f)	[vag]
crista (f) da onda	crête (f) de la vague	[krɛt də la vag]
espuma (f)	mousse (f)	[mus]
tempestade (f)	tempête (f) en mer	[tɑ̃pɛt ɑ̃mɛr]
furacão (m)	ouragan (m)	[uragɑ̃]
tsunami (m)	tsunami (m)	[tsynami]
calmaria (f)	calme (m)	[kalm]
calmo (adj)	calme (adj)	[kalm]
polo (m)	pôle (m)	[pol]
polar (adj)	polaire (adj)	[pɔlɛr]
latitude (f)	latitude (f)	[latityd]
longitude (f)	longitude (f)	[lõʒityd]
paralela (f)	parallèle (f)	[paralɛl]
equador (m)	équateur (m)	[ekwatœr]
céu (m)	ciel (m)	[sjɛl]
horizonte (m)	horizon (m)	[ɔrizõ]
ar (m)	air (m)	[ɛr]
farol (m)	phare (m)	[far]
mergulhar (vi)	plonger (vi)	[plõʒe]
afundar-se (vr)	sombrer (vi)	[sõbre]
tesouros (m pl)	trésor (m)	[trezɔr]

126. Nomes de Mares e Oceanos

Oceano (m) Atlântico	océan (m) Atlantique	[ɔseɑn atlɑ̃tik]
Oceano (m) Índico	océan (m) Indien	[ɔseɑn ɛ̃djɛ̃]
Oceano (m) Pacífico	océan (m) Pacifique	[ɔseɑ̃ pasifik]
Oceano (m) Ártico	océan (m) Glacial	[ɔseɑ̃ glasjal]
Mar (m) Negro	mer (f) Noire	[mɛr nwar]
Mar (m) Vermelho	mer (f) Rouge	[mɛr ruʒ]
Mar (m) Amarelo	mer (f) Jaune	[mɛr ʒon]
Mar (m) Branco	mer (f) Blanche	[mɛr blɑ̃ʃ]
Mar (m) Cáspio	mer (f) Caspienne	[mɛr kaspjɛn]
Mar (m) Morto	mer (f) Morte	[mɛr mɔrt]
Mar (m) Mediterrâneo	mer (f) Méditerranée	[mɛr meditɛrane]
Mar (m) Egeu	mer (f) Égée	[mɛr eʒe]
Mar (m) Adriático	mer (f) Adriatique	[mɛr adrijatik]
Mar (m) Arábico	mer (f) Arabique	[mɛr arabik]
Mar (m) do Japão	mer (f) du Japon	[mɛr dy ʒapõ]

Mar (m) de Bering	mer (f) de Béring	[mɛr də beriŋ]
Mar (m) da China Meridional	mer (f) de Chine Méridionale	[mɛr də ʃin meridjɔnal]
Mar (m) de Coral	mer (f) de Corail	[mɛr də kɔraj]
Mar (m) de Tasman	mer (f) de Tasman	[mɛr də tasman]
Mar (m) do Caribe	mer (f) Caraïbe	[mɛr karaib]
Mar (m) de Barents	mer (f) de Barents	[mɛr də barɛ̃s]
Mar (m) de Kara	mer (f) de Kara	[mɛr də kara]
Mar (m) do Norte	mer (f) du Nord	[mɛr dy nɔr]
Mar (m) Báltico	mer (f) Baltique	[mɛr baltik]
Mar (m) da Noruega	mer (f) de Norvège	[mɛr də nɔrvɛʒ]

127. Montanhas

montanha (f)	montagne (f)	[mɔ̃taɲ]
cordilheira (f)	chaîne (f) de montagnes	[ʃɛn də mɔ̃taɲ]
serra (f)	crête (f)	[krɛt]
cume (m)	sommet (m)	[sɔmɛ]
pico (m)	pic (m)	[pik]
pé (m)	pied (m)	[pje]
declive (m)	pente (f)	[pɑ̃t]
vulcão (m)	volcan (m)	[vɔlkɑ̃]
vulcão (m) ativo	volcan (m) actif	[vɔlkɑn aktif]
vulcão (m) extinto	volcan (m) éteint	[vɔlkɑn etɛ̃]
erupção (f)	éruption (f)	[erypsjɔ̃]
cratera (f)	cratère (m)	[kratɛr]
magma (m)	magma (m)	[magma]
lava (f)	lave (f)	[lav]
fundido (lava ~a)	en fusion	[ɑ̃ fyzjɔ̃]
cânion, desfiladeiro (m)	canyon (m)	[kanjɔ̃]
garganta (f)	défilé (m)	[defile]
fenda (f)	crevasse (f)	[krəvas]
precipício (m)	précipice (m)	[presipis]
passo, colo (m)	col (m)	[kɔl]
planalto (m)	plateau (m)	[plato]
falésia (f)	rocher (m)	[rɔʃe]
colina (f)	colline (f)	[kɔlin]
geleira (f)	glacier (m)	[glasje]
cachoeira (f)	chute (f) d'eau	[ʃyt do]
gêiser (m)	geyser (m)	[ʒɛzɛr]
lago (m)	lac (m)	[lak]
planície (f)	plaine (f)	[plɛn]
paisagem (f)	paysage (m)	[peizaʒ]
eco (m)	écho (m)	[eko]
alpinista (m)	alpiniste (m)	[alpinist]

escalador (m)	**varappeur** (m)	[varapœr]
conquistar (vt)	**conquérir** (vt)	[kɔ̃kerir]
subida, escalada (f)	**ascension** (f)	[asɑ̃sjɔ̃]

128. Nomes de montanhas

Alpes (m pl)	**Alpes** (f pl)	[alp]
Monte Branco (m)	**Mont Blanc** (m)	[mɔ̃blɑ̃]
Pirineus (m pl)	**Pyrénées** (f pl)	[pirene]
Cárpatos (m pl)	**Carpates** (f pl)	[karpat]
Urais (m pl)	**Monts Oural** (m pl)	[mɔ̃ ural]
Cáucaso (m)	**Caucase** (m)	[kokaz]
Elbrus (m)	**Elbrous** (m)	[ɛlbrys]
Altai (m)	**Altaï** (m)	[altaj]
Tian Shan (m)	**Tian Chan** (m)	[tjɑ̃ ʃɑ̃]
Pamir (m)	**Pamir** (m)	[pamir]
Himalaia (m)	**Himalaya** (m)	[imalaja]
monte Everest (m)	**Everest** (m)	[evrɛst]
Cordilheira (f) dos Andes	**Andes** (f pl)	[ɑ̃d]
Kilimanjaro (m)	**Kilimandjaro** (m)	[kilimɑ̃dʒaro]

129. Rios

rio (m)	**rivière** (f), **fleuve** (m)	[rivjɛr], [flœv]
fonte, nascente (f)	**source** (f)	[surs]
leito (m) de rio	**lit** (m)	[li]
bacia (f)	**bassin** (m)	[basɛ̃]
desaguar no ...	**se jeter dans ...**	[sə ʒəte dɑ̃]
afluente (m)	**affluent** (m)	[aflyɑ̃]
margem (do rio)	**rive** (f)	[riv]
corrente (f)	**courant** (m)	[kurɑ̃]
rio abaixo	**en aval**	[ɑn aval]
rio acima	**en amont**	[ɑn amɔ̃]
inundação (f)	**inondation** (f)	[inɔ̃dasjɔ̃]
cheia (f)	**les grandes crues**	[le grɑ̃d kry]
transbordar (vi)	**déborder** (vt)	[debɔrde]
inundar (vt)	**inonder** (vt)	[inɔ̃de]
banco (m) de areia	**bas-fond** (m)	[bafɔ̃]
corredeira (f)	**rapide** (m)	[rapid]
barragem (f)	**barrage** (m)	[baraʒ]
canal (m)	**canal** (m)	[kanal]
reservatório (m) de água	**lac** (m) **de barrage**	[lak də baraʒ]
eclusa (f)	**écluse** (f)	[eklyz]
corpo (m) de água	**plan** (m) **d'eau**	[plɑ̃ do]

pântano (m)	marais (m)	[marɛ]
lamaçal (m)	fondrière (f)	[fɔ̃drijɛr]
redemoinho (m)	tourbillon (m)	[turbijɔ̃]
riacho (m)	ruisseau (m)	[rɥiso]
potável (adj)	potable (adj)	[pɔtabl]
doce (água)	douce (adj)	[dus]
gelo (m)	glace (f)	[glas]
congelar-se (vr)	être gelé	[ɛtr ʒəle]

130. Nomes de rios

rio Sena (m)	Seine (f)	[sɛn]
rio Loire (m)	Loire (f)	[lwar]
rio Tâmisa (m)	Tamise (f)	[tamiz]
rio Reno (m)	Rhin (m)	[rɛ̃]
rio Danúbio (m)	Danube (m)	[danyb]
rio Volga (m)	Volga (f)	[vɔlga]
rio Don (m)	Don (m)	[dɔ̃]
rio Lena (m)	Lena (f)	[lena]
rio Amarelo (m)	Huang He (m)	[waŋ e]
rio Yangtzé (m)	Yangzi Jiang (m)	[jãgzijãg]
rio Mekong (m)	Mékong (m)	[mekɔ̃g]
rio Ganges (m)	Gange (m)	[gãʒ]
rio Nilo (m)	Nil (m)	[nil]
rio Congo (m)	Congo (m)	[kɔ̃go]
rio Cubango (m)	Okavango (m)	[ɔkavangɔ]
rio Zambeze (m)	Zambèze (m)	[zãbɛz]
rio Limpopo (m)	Limpopo (m)	[limpɔpo]
rio Mississippi (m)	Mississippi (m)	[misisipi]

131. Floresta

floresta (f), bosque (m)	forêt (f)	[fɔrɛ]
florestal (adj)	forestier (adj)	[fɔrɛstje]
mata (f) fechada	fourré (m)	[fure]
arvoredo (m)	bosquet (m)	[bɔskɛ]
clareira (f)	clairière (f)	[klɛrjɛr]
matagal (m)	broussailles (f pl)	[brusaj]
mato (m), caatinga (f)	taillis (m)	[taji]
pequena trilha (f)	sentier (m)	[sãtje]
ravina (f)	ravin (m)	[ravɛ̃]
árvore (f)	arbre (m)	[arbr]
folha (f)	feuille (f)	[fœj]

folhagem (f)	feuillage (m)	[fœjaʒ]
queda (f) das folhas	chute (f) de feuilles	[ʃyt də fœj]
cair (vi)	tomber (vi)	[tɔ̃be]
topo (m)	sommet (m)	[sɔmɛ]

ramo (m)	rameau (m)	[ramo]
galho (m)	branche (f)	[brɑ̃ʃ]
botão (m)	bourgeon (m)	[burʒɔ̃]
agulha (f)	aiguille (f)	[egɥij]
pinha (f)	pomme (f) de pin	[pɔm də pɛ̃]

buraco (m) de árvore	creux (m)	[krø]
ninho (m)	nid (m)	[ni]
toca (f)	terrier (m)	[tɛrje]

tronco (m)	tronc (m)	[trɔ̃]
raiz (f)	racine (f)	[rasin]
casca (f) de árvore	écorce (f)	[ekɔrs]
musgo (m)	mousse (f)	[mus]

arrancar pela raiz	déraciner (vt)	[derasine]
cortar (vt)	abattre (vt)	[abatr]
desflorestar (vt)	déboiser (vt)	[debwaze]
toco, cepo (m)	souche (f)	[suʃ]

fogueira (f)	feu (m) de bois	[fø də bwa]
incêndio (m) florestal	incendie (m)	[ɛ̃sɑ̃di]
apagar (vt)	éteindre (vt)	[etɛ̃dr]

guarda-parque (m)	garde (m) forestier	[gard fɔrɛstje]
proteção (f)	protection (f)	[prɔtɛksjɔ̃]
proteger (a natureza)	protéger (vt)	[prɔteʒe]
caçador (m) furtivo	braconnier (m)	[brakɔnje]
armadilha (f)	piège (m) à mâchoires	[pjɛʒ a mɑʃwar]

| colher (cogumelos, bagas) | cueillir (vt) | [kœjir] |
| perder-se (vr) | s'égarer (vp) | [segare] |

132. Recursos naturais

recursos (m pl) naturais	ressources (f pl) naturelles	[rəsurs natyrɛl]
minerais (m pl)	minéraux (m pl)	[minero]
depósitos (m pl)	gisement (m)	[ʒizmɑ̃]
jazida (f)	champ (m)	[ʃɑ̃]

extrair (vt)	extraire (vt)	[ɛkstrɛr]
extração (f)	extraction (f)	[ɛkstraksjɔ̃]
minério (m)	minerai (m)	[minrɛ]
mina (f)	mine (f)	[min]
poço (m) de mina	puits (m) de mine	[pɥi də min]
mineiro (m)	mineur (m)	[minœr]

| gás (m) | gaz (m) | [gaz] |
| gasoduto (m) | gazoduc (m) | [gazɔdyk] |

petróleo (m)	pétrole (m)	[petrɔl]
oleoduto (m)	pipeline (m)	[piplin]
poço (m) de petróleo	tour (f) de forage	[tur də fɔraʒ]
torre (f) petrolífera	derrick (m)	[derik]
petroleiro (m)	pétrolier (m)	[petrɔlje]

areia (f)	sable (m)	[sabl]
calcário (m)	calcaire (m)	[kalkɛr]
cascalho (m)	gravier (m)	[gravje]
turfa (f)	tourbe (f)	[turb]
argila (f)	argile (f)	[arʒil]
carvão (m)	charbon (m)	[ʃarbɔ̃]

ferro (m)	fer (m)	[fɛr]
ouro (m)	or (m)	[ɔr]
prata (f)	argent (m)	[arʒã]
níquel (m)	nickel (m)	[nikɛl]
cobre (m)	cuivre (m)	[kɥivr]

zinco (m)	zinc (m)	[zɛ̃g]
manganês (m)	manganèse (m)	[mãganɛz]
mercúrio (m)	mercure (m)	[mɛrkyr]
chumbo (m)	plomb (m)	[plɔ̃]

mineral (m)	minéral (m)	[mineral]
cristal (m)	cristal (m)	[kristal]
mármore (m)	marbre (m)	[marbr]
urânio (m)	uranium (m)	[yranjɔm]

A Terra. Parte 2

133. Tempo

tempo (m)	**temps** (m)	[tɑ̃]
previsão (f) do tempo	**météo** (f)	[meteo]
temperatura (f)	**température** (f)	[tɑ̃peratyr]
termômetro (m)	**thermomètre** (m)	[tɛrmɔmɛtr]
barômetro (m)	**baromètre** (m)	[barɔmɛtr]
úmido (adj)	**humide** (adj)	[ymid]
umidade (f)	**humidité** (f)	[ymidite]
calor (m)	**chaleur** (f)	[ʃalœr]
tórrido (adj)	**torride** (adj)	[tɔrid]
está muito calor	**il fait très chaud**	[il fɛ trɛ ʃo]
está calor	**il fait chaud**	[il fɛʃo]
quente (morno)	**chaud** (adj)	[ʃo]
está frio	**il fait froid**	[il fɛ frwa]
frio (adj)	**froid** (adj)	[frwa]
sol (m)	**soleil** (m)	[sɔlɛj]
brilhar (vi)	**briller** (vi)	[brije]
de sol, ensolarado	**ensoleillé** (adj)	[ɑ̃sɔleje]
nascer (vi)	**se lever** (vp)	[sə ləve]
pôr-se (vr)	**se coucher** (vp)	[sə kuʃe]
nuvem (f)	**nuage** (m)	[nɥaʒ]
nublado (adj)	**nuageux** (adj)	[nɥaʒø]
nuvem (f) preta	**nuée** (f)	[nɥe]
escuro, cinzento (adj)	**sombre** (adj)	[sɔ̃br]
chuva (f)	**pluie** (f)	[plɥi]
está a chover	**il pleut**	[il plø]
chuvoso (adj)	**pluvieux** (adj)	[plyvjø]
chuviscar (vi)	**bruiner** (v imp)	[brɥine]
chuva (f) torrencial	**pluie** (f) **torrentielle**	[plɥi tɔrɑ̃sjɛl]
aguaceiro (m)	**averse** (f)	[avɛrs]
forte (chuva, etc.)	**forte** (adj)	[fɔrt]
poça (f)	**flaque** (f)	[flak]
molhar-se (vr)	**se faire mouiller**	[sə fɛr muje]
nevoeiro (m)	**brouillard** (m)	[brujar]
de nevoeiro	**brumeux** (adj)	[brymø]
neve (f)	**neige** (f)	[nɛʒ]
está nevando	**il neige**	[il nɛʒ]

134. Tempo extremo. Catástrofes naturais

trovoada (f)	**orage** (m)	[ɔraʒ]
relâmpago (m)	**éclair** (m)	[eklɛr]
relampejar (vi)	**éclater** (vi)	[eklate]
trovão (m)	**tonnerre** (m)	[tɔnɛr]
trovejar (vi)	**gronder** (vi)	[grɔ̃de]
está trovejando	**le tonnerre gronde**	[lə tɔnɛr grɔ̃d]
granizo (m)	**grêle** (f)	[grɛl]
está caindo granizo	**il grêle**	[il grɛl]
inundar (vt)	**inonder** (vt)	[inɔ̃de]
inundação (f)	**inondation** (f)	[inɔ̃dasjɔ̃]
terremoto (m)	**tremblement** (m) **de terre**	[trãbləmã də tɛr]
abalo, tremor (m)	**secousse** (f)	[səkus]
epicentro (m)	**épicentre** (m)	[episãtr]
erupção (f)	**éruption** (f)	[erypsjɔ̃]
lava (f)	**lave** (f)	[lav]
tornado (m)	**tourbillon** (m)	[turbijɔ̃]
tornado (m)	**tornade** (f)	[tɔrnad]
tufão (m)	**typhon** (m)	[tifɔ̃]
furacão (m)	**ouragan** (m)	[uragã]
tempestade (f)	**tempête** (f)	[tãpɛt]
tsunami (m)	**tsunami** (m)	[tsynami]
ciclone (m)	**cyclone** (m)	[siklon]
mau tempo (m)	**intempéries** (f pl)	[ɛ̃tãperi]
incêndio (m)	**incendie** (m)	[ɛ̃sãdi]
catástrofe (f)	**catastrophe** (f)	[katastrɔf]
meteorito (m)	**météorite** (m)	[meteɔrit]
avalanche (f)	**avalanche** (f)	[avalãʃ]
deslizamento (m) de neve	**éboulement** (m)	[ebulmã]
nevasca (f)	**blizzard** (m)	[blizar]
tempestade (f) de neve	**tempête** (f) **de neige**	[tãpɛt də nɛʒ]

Fauna

135. Mamíferos. Predadores

predador (m)	**prédateur** (m)	[predatœr]
tigre (m)	**tigre** (m)	[tigr]
leão (m)	**lion** (m)	[ljõ]
lobo (m)	**loup** (m)	[lu]
raposa (f)	**renard** (m)	[rənar]
jaguar (m)	**jaguar** (m)	[ʒagwar]
leopardo (m)	**léopard** (m)	[leɔpar]
chita (f)	**guépard** (m)	[gepar]
pantera (f)	**panthère** (f)	[pɑ̃tɛr]
puma (m)	**puma** (m)	[pyma]
leopardo-das-neves (m)	**léopard** (m) **de neiges**	[leɔpar də nɛʒ]
lince (m)	**lynx** (m)	[lɛ̃ks]
coiote (m)	**coyote** (m)	[kɔjɔt]
chacal (m)	**chacal** (m)	[ʃakal]
hiena (f)	**hyène** (f)	[jɛn]

136. Animais selvagens

animal (m)	**animal** (m)	[animal]
besta (f)	**bête** (f)	[bɛt]
esquilo (m)	**écureuil** (m)	[ekyrœj]
ouriço (m)	**hérisson** (m)	[erisõ]
lebre (f)	**lièvre** (m)	[ljɛvr]
coelho (m)	**lapin** (m)	[lapɛ̃]
texugo (m)	**blaireau** (m)	[blɛro]
guaxinim (m)	**raton** (m)	[ratõ]
hamster (m)	**hamster** (m)	[amstɛr]
marmota (f)	**marmotte** (f)	[marmɔt]
toupeira (f)	**taupe** (f)	[top]
rato (m)	**souris** (f)	[suri]
ratazana (f)	**rat** (m)	[ra]
morcego (m)	**chauve-souris** (f)	[ʃovsuri]
arminho (m)	**hermine** (f)	[ɛrmin]
zibelina (f)	**zibeline** (f)	[ziblin]
marta (f)	**martre** (f)	[martr]
doninha (f)	**belette** (f)	[bəlɛt]
visom (m)	**vison** (m)	[vizõ]

castor (m)	castor (m)	[kastɔr]
lontra (f)	loutre (f)	[lutr]
cavalo (m)	cheval (m)	[ʃəval]
alce (m)	élan (m)	[elã]
veado (m)	cerf (m)	[sɛr]
camelo (m)	chameau (m)	[ʃamo]
bisão (m)	bison (m)	[bizõ]
auroque (m)	aurochs (m)	[orɔk]
búfalo (m)	buffle (m)	[byfl]
zebra (f)	zèbre (m)	[zɛbr]
antílope (m)	antilope (f)	[ãtilɔp]
corça (f)	chevreuil (m)	[ʃəvrœj]
gamo (m)	biche (f)	[biʃ]
camurça (f)	chamois (m)	[ʃamwa]
javali (m)	sanglier (m)	[sãglije]
baleia (f)	baleine (f)	[balɛn]
foca (f)	phoque (m)	[fɔk]
morsa (f)	morse (m)	[mɔrs]
urso-marinho (m)	ours (m) de mer	[urs də mɛr]
golfinho (m)	dauphin (m)	[dofɛ̃]
urso (m)	ours (m)	[urs]
urso (m) polar	ours (m) blanc	[urs blã]
panda (m)	panda (m)	[pãda]
macaco (m)	singe (m)	[sɛ̃ʒ]
chimpanzé (m)	chimpanzé (m)	[ʃɛ̃pãze]
orangotango (m)	orang-outang (m)	[ɔrãutã]
gorila (m)	gorille (m)	[gɔrij]
macaco (m)	macaque (m)	[makak]
gibão (m)	gibbon (m)	[ʒibõ]
elefante (m)	éléphant (m)	[elefã]
rinoceronte (m)	rhinocéros (m)	[rinɔserɔs]
girafa (f)	girafe (f)	[ʒiraf]
hipopótamo (m)	hippopotame (m)	[ipɔpɔtam]
canguru (m)	kangourou (m)	[kãguru]
coala (m)	koala (m)	[kɔala]
mangusto (m)	mangouste (f)	[mãgust]
chinchila (f)	chinchilla (m)	[ʃɛ̃ʃila]
cangambá (f)	mouffette (f)	[mufɛt]
porco-espinho (m)	porc-épic (m)	[pɔrkepik]

137. Animais domésticos

gata (f)	chat (m)	[ʃa]
gato (m) macho	chat (m)	[ʃa]
cão (m)	chien (m)	[ʃjɛ̃]

cavalo (m)	cheval (m)	[ʃəval]
garanhão (m)	étalon (m)	[etalɔ̃]
égua (f)	jument (f)	[ʒymɑ̃]

vaca (f)	vache (f)	[vaʃ]
touro (m)	taureau (m)	[tɔro]
boi (m)	bœuf (m)	[bœf]

ovelha (f)	brebis (f)	[brəbi]
carneiro (m)	mouton (m)	[mutɔ̃]
cabra (f)	chèvre (f)	[ʃɛvr]
bode (m)	bouc (m)	[buk]

burro (m)	âne (m)	[ɑn]
mula (f)	mulet (m)	[mylɛ]

porco (m)	cochon (m)	[kɔʃɔ̃]
leitão (m)	pourceau (m)	[purso]
coelho (m)	lapin (m)	[lapɛ̃]

galinha (f)	poule (f)	[pul]
galo (m)	coq (m)	[kɔk]

pata (f), pato (m)	canard (m)	[kanar]
pato (m)	canard (m) mâle	[kanar mal]
ganso (m)	oie (f)	[wa]

peru (m)	dindon (m)	[dɛ̃dɔ̃]
perua (f)	dinde (f)	[dɛ̃d]

animais (m pl) domésticos	animaux (m pl) domestiques	[animo dɔmɛstik]
domesticado (adj)	apprivoisé (adj)	[aprivwaze]
domesticar (vt)	apprivoiser (vt)	[aprivwaze]
criar (vt)	élever (vt)	[elve]

fazenda (f)	ferme (f)	[fɛrm]
aves (f pl) domésticas	volaille (f)	[vɔlaj]
gado (m)	bétail (m)	[betaj]
rebanho (m), manada (f)	troupeau (m)	[trupo]

estábulo (m)	écurie (f)	[ekyri]
chiqueiro (m)	porcherie (f)	[pɔrʃəri]
estábulo (m)	vacherie (f)	[vaʃri]
coelheira (f)	cabane (f) à lapins	[kaban a lapɛ̃]
galinheiro (m)	poulailler (m)	[pulaje]

138. Pássaros

pássaro (m), ave (f)	oiseau (m)	[wazo]
pombo (m)	pigeon (m)	[piʒɔ̃]
pardal (m)	moineau (m)	[mwano]
chapim-real (m)	mésange (f)	[mezɑ̃ʒ]
pega-rabuda (f)	pie (f)	[pi]
corvo (m)	corbeau (m)	[kɔrbo]

gralha-cinzenta (f)	corneille (f)	[kɔrnɛj]
gralha-de-nuca-cinzenta (f)	choucas (m)	[ʃuka]
gralha-calva (f)	freux (m)	[frø]
pato (m)	canard (m)	[kanar]
ganso (m)	oie (f)	[wa]
faisão (m)	faisan (m)	[fəzɑ̃]
águia (f)	aigle (m)	[ɛgl]
açor (m)	épervier (m)	[epɛrvje]
falcão (m)	faucon (m)	[fokɔ̃]
abutre (m)	vautour (m)	[votur]
condor (m)	condor (m)	[kɔ̃dɔr]
cisne (m)	cygne (m)	[siɲ]
grou (m)	grue (f)	[gry]
cegonha (f)	cigogne (f)	[sigɔɲ]
papagaio (m)	perroquet (m)	[perɔkɛ]
beija-flor (m)	colibri (m)	[kɔlibri]
pavão (m)	paon (m)	[pɑ̃]
avestruz (m)	autruche (f)	[otryʃ]
garça (f)	héron (m)	[erɔ̃]
flamingo (m)	flamant (m)	[flamɑ̃]
pelicano (m)	pélican (m)	[pelikɑ̃]
rouxinol (m)	rossignol (m)	[rɔsiɲɔl]
andorinha (f)	hirondelle (f)	[irɔ̃dɛl]
tordo-zornal (m)	merle (m)	[mɛrl]
tordo-músico (m)	grive (f)	[griv]
melro-preto (m)	merle (m) noir	[mɛrl nwar]
andorinhão (m)	martinet (m)	[martinɛ]
cotovia (f)	alouette (f) des champs	[alwɛt de ʃɑ̃]
codorna (f)	caille (f)	[kaj]
pica-pau (m)	pivert (m)	[pivɛr]
cuco (m)	coucou (m)	[kuku]
coruja (f)	chouette (f)	[ʃwɛt]
bufo-real (m)	hibou (m)	[ibu]
tetraz-grande (m)	tétras (m)	[tetra]
tetraz-lira (m)	tétras-lyre (m)	[tetralir]
perdiz-cinzenta (f)	perdrix (f)	[pɛrdri]
estorninho (m)	étourneau (m)	[eturno]
canário (m)	canari (m)	[kanari]
galinha-do-mato (f)	gélinotte (f) des bois	[ʒelinɔt də bwa]
tentilhão (m)	pinson (m)	[pɛ̃sɔ̃]
dom-fafe (m)	bouvreuil (m)	[buvrœj]
gaivota (f)	mouette (f)	[mwɛt]
albatroz (m)	albatros (m)	[albatros]
pinguim (m)	pingouin (m)	[pɛ̃gwɛ̃]

139. Peixes. Animais marinhos

brema (f)	brème (f)	[brɛm]
carpa (f)	carpe (f)	[karp]
perca (f)	perche (f)	[pɛrʃ]
siluro (m)	silure (m)	[silyr]
lúcio (m)	brochet (m)	[brɔʃɛ]
salmão (m)	saumon (m)	[somõ]
esturjão (m)	esturgeon (m)	[ɛstyrʒõ]
arenque (m)	hareng (m)	[arã]
salmão (m) do Atlântico	saumon (m) atlantique	[somõ atlãtik]
cavala, sarda (f)	maquereau (m)	[makro]
solha (f), linguado (m)	flet (m)	[flɛ]
lúcio perca (m)	sandre (f)	[sãdr]
bacalhau (m)	morue (f)	[mɔry]
atum (m)	thon (m)	[tõ]
truta (f)	truite (f)	[trɥit]
enguia (f)	anguille (f)	[ãgij]
raia (f) elétrica	torpille (f)	[tɔrpij]
moreia (f)	murène (f)	[myrɛn]
piranha (f)	piranha (m)	[piraɲa]
tubarão (m)	requin (m)	[rəkɛ̃]
golfinho (m)	dauphin (m)	[dofɛ̃]
baleia (f)	baleine (f)	[balɛn]
caranguejo (m)	crabe (m)	[krab]
água-viva (f)	méduse (f)	[medyz]
polvo (m)	pieuvre (f), poulpe (m)	[pjœvr], [pulp]
estrela-do-mar (f)	étoile (f) de mer	[etwal də mɛr]
ouriço-do-mar (m)	oursin (m)	[ursɛ̃]
cavalo-marinho (m)	hippocampe (m)	[ipɔkãp]
ostra (f)	huître (f)	[ɥitr]
camarão (m)	crevette (f)	[krəvɛt]
lagosta (f)	homard (m)	[ɔmar]
lagosta (f)	langoustine (f)	[lãgustin]

140. Anfíbios. Répteis

cobra (f)	serpent (m)	[sɛrpã]
venenoso (adj)	venimeux (adj)	[vənimø]
víbora (f)	vipère (f)	[vipɛr]
naja (f)	cobra (m)	[kɔbra]
píton (m)	python (m)	[pitõ]
jiboia (f)	boa (m)	[bɔa]
cobra-de-água (f)	couleuvre (f)	[kulœvr]

| cascavel (f) | serpent (m) à sonnettes | [sɛrpã a sɔnɛt] |
| anaconda (f) | anaconda (m) | [anakɔ̃da] |

lagarto (m)	lézard (m)	[lezar]
iguana (f)	iguane (m)	[igwan]
varano (m)	varan (m)	[varã]
salamandra (f)	salamandre (f)	[salamãdr]
camaleão (m)	caméléon (m)	[kameleɔ̃]
escorpião (m)	scorpion (m)	[skɔrpjɔ̃]

tartaruga (f)	tortue (f)	[tɔrty]
rã (f)	grenouille (f)	[grənuj]
sapo (m)	crapaud (m)	[krapo]
crocodilo (m)	crocodile (m)	[krɔkɔdil]

141. Insetos

inseto (m)	insecte (m)	[ɛ̃sɛkt]
borboleta (f)	papillon (m)	[papijɔ̃]
formiga (f)	fourmi (f)	[furmi]
mosca (f)	mouche (f)	[muʃ]
mosquito (m)	moustique (m)	[mustik]
escaravelho (m)	scarabée (m)	[skarabe]

vespa (f)	guêpe (f)	[gɛp]
abelha (f)	abeille (f)	[abɛj]
mamangaba (f)	bourdon (m)	[burdɔ̃]
moscardo (m)	œstre (m)	[ɛstr]

| aranha (f) | araignée (f) | [areɲe] |
| teia (f) de aranha | toile (f) d'araignée | [twal dareɲe] |

libélula (f)	libellule (f)	[libelyl]
gafanhoto (m)	sauterelle (f)	[sotrɛl]
traça (f)	papillon (m)	[papijɔ̃]

barata (f)	cafard (m)	[kafar]
carrapato (m)	tique (f)	[tik]
pulga (f)	puce (f)	[pys]
borrachudo (m)	moucheron (m)	[muʃrɔ̃]

gafanhoto (m)	criquet (m)	[krikɛ]
caracol (m)	escargot (m)	[ɛskargo]
grilo (m)	grillon (m)	[grijɔ̃]
pirilampo, vaga-lume (m)	luciole (f)	[lysjɔl]
joaninha (f)	coccinelle (f)	[kɔksinɛl]
besouro (m)	hanneton (m)	[antɔ̃]

sanguessuga (f)	sangsue (f)	[sãsy]
lagarta (f)	chenille (f)	[ʃənij]
minhoca (f)	ver (m)	[vɛr]
larva (f)	larve (f)	[larv]

Flora

142. Árvores

árvore (f)	arbre (m)	[arbr]
decídua (adj)	à feuilles caduques	[ɑ fœj kadyk]
conífera (adj)	conifère (adj)	[kɔnifɛr]
perene (adj)	à feuilles persistantes	[a fœj pɛrsistɑ̃t]
macieira (f)	pommier (m)	[pɔmje]
pereira (f)	poirier (m)	[pwarje]
cerejeira (f)	merisier (m)	[mərizje]
ginjeira (f)	cerisier (m)	[sərizje]
ameixeira (f)	prunier (m)	[prynje]
bétula (f)	bouleau (m)	[bulo]
carvalho (m)	chêne (m)	[ʃɛn]
tília (f)	tilleul (m)	[tijœl]
choupo-tremedor (m)	tremble (m)	[trɑ̃bl]
bordo (m)	érable (m)	[erabl]
espruce (m)	épicéa (m)	[episea]
pinheiro (m)	pin (m)	[pɛ̃]
alerce, lariço (m)	mélèze (m)	[melɛz]
abeto (m)	sapin (m)	[sapɛ̃]
cedro (m)	cèdre (m)	[sɛdr]
choupo, álamo (m)	peuplier (m)	[pøplije]
tramazeira (f)	sorbier (m)	[sɔrbje]
salgueiro (m)	saule (m)	[sol]
amieiro (m)	aune (m)	[on]
faia (f)	hêtre (m)	[ɛtr]
ulmeiro, olmo (m)	orme (m)	[ɔrm]
freixo (m)	frêne (m)	[frɛn]
castanheiro (m)	marronnier (m)	[marɔnje]
magnólia (f)	magnolia (m)	[maɲɔlja]
palmeira (f)	palmier (m)	[palmje]
cipreste (m)	cyprès (m)	[siprɛ]
mangue (m)	palétuvier (m)	[paletyvje]
embondeiro, baobá (m)	baobab (m)	[baɔbab]
eucalipto (m)	eucalyptus (m)	[økaliptys]
sequoia (f)	séquoia (m)	[sekɔja]

143. Arbustos

| arbusto (m) | buisson (m) | [bчisɔ̃] |
| arbusto (m), moita (f) | arbrisseau (m) | [arbriso] |

| videira (f) | vigne (f) | [viɲ] |
| vinhedo (m) | vigne (f) | [viɲ] |

framboeseira (f)	framboise (f)	[frãbwaz]
groselheira-negra (f)	cassis (m)	[kasis]
groselheira-vermelha (f)	groseille (f) rouge	[grozɛj ruʒ]
groselheira (f) espinhosa	groseille (f) verte	[grozɛj vɛrt]

acácia (f)	acacia (m)	[akasja]
bérberis (f)	berbéris (m)	[bɛrberis]
jasmim (m)	jasmin (m)	[ʒasmɛ̃]

junípero (m)	genévrier (m)	[ʒənevrije]
roseira (f)	rosier (m)	[rozje]
roseira (f) brava	églantier (m)	[eglãtje]

144. Frutos. Bagas

fruta (f)	fruit (m)	[frɥi]
frutas (f pl)	fruits (m pl)	[frɥi]
maçã (f)	pomme (f)	[pɔm]
pera (f)	poire (f)	[pwar]
ameixa (f)	prune (f)	[pryn]

morango (m)	fraise (f)	[frɛz]
ginja (f)	cerise (f)	[səriz]
cereja (f)	merise (f)	[məriz]
uva (f)	raisin (m)	[rɛzɛ̃]

framboesa (f)	framboise (f)	[frãbwaz]
groselha (f) negra	cassis (m)	[kasis]
groselha (f) vermelha	groseille (f) rouge	[grozɛj ruʒ]
groselha (f) espinhosa	groseille (f) verte	[grozɛj vɛrt]
oxicoco (m)	canneberge (f)	[kanbɛrʒ]

laranja (f)	orange (f)	[ɔrãʒ]
tangerina (f)	mandarine (f)	[mãdarin]
abacaxi (m)	ananas (m)	[anana]

| banana (f) | banane (f) | [banan] |
| tâmara (f) | datte (f) | [dat] |

limão (m)	citron (m)	[sitrɔ̃]
damasco (m)	abricot (m)	[abriko]
pêssego (m)	pêche (f)	[pɛʃ]

| quiuí (m) | kiwi (m) | [kiwi] |
| toranja (f) | pamplemousse (m) | [pãpləmus] |

baga (f)	baie (f)	[bɛ]
bagas (f pl)	baies (f pl)	[bɛ]
arando (m) vermelho	airelle (f) rouge	[ɛrɛl ruʒ]
morango-silvestre (m)	fraise (f) des bois	[frɛz de bwa]
mirtilo (m)	myrtille (f)	[mirtij]

145. Flores. Plantas

flor (f)	**fleur** (f)	[flœr]
buquê (m) de flores	**bouquet** (m)	[bukɛ]
rosa (f)	**rose** (f)	[roz]
tulipa (f)	**tulipe** (f)	[tylip]
cravo (m)	**oeillet** (m)	[œjɛ]
gladíolo (m)	**glaïeul** (m)	[glajœl]
centáurea (f)	**bleuet** (m)	[blØɛ]
campainha (f)	**campanule** (f)	[kɑ̃panyl]
dente-de-leão (m)	**dent-de-lion** (f)	[dɑ̃dəljɔ̃]
camomila (f)	**marguerite** (f)	[margərit]
aloé (m)	**aloès** (m)	[alɔɛs]
cacto (m)	**cactus** (m)	[kaktys]
fícus (m)	**ficus** (m)	[fikys]
lírio (m)	**lis** (m)	[li]
gerânio (m)	**géranium** (m)	[ʒeranjɔm]
jacinto (m)	**jacinthe** (f)	[ʒasɛ̃t]
mimosa (f)	**mimosa** (m)	[mimɔza]
narciso (m)	**jonquille** (f)	[ʒɔ̃kij]
capuchinha (f)	**capucine** (f)	[kapysin]
orquídea (f)	**orchidée** (f)	[ɔrkide]
peônia (f)	**pivoine** (f)	[pivwan]
violeta (f)	**violette** (f)	[vjɔlɛt]
amor-perfeito (m)	**pensée** (f)	[pɑ̃se]
não-me-esqueças (m)	**myosotis** (m)	[mjɔzɔtis]
margarida (f)	**pâquerette** (f)	[pɑkrɛt]
papoula (f)	**coquelicot** (m)	[kɔkliko]
cânhamo (m)	**chanvre** (m)	[ʃɑ̃vr]
hortelã, menta (f)	**menthe** (f)	[mɑ̃t]
lírio-do-vale (m)	**muguet** (m)	[mygɛ]
campânula-branca (f)	**perce-neige** (f)	[pɛrsənɛʒ]
urtiga (f)	**ortie** (f)	[ɔrti]
azedinha (f)	**oseille** (f)	[ozɛj]
nenúfar (m)	**nénuphar** (m)	[nenyfar]
samambaia (f)	**fougère** (f)	[fuʒɛr]
líquen (m)	**lichen** (m)	[likɛn]
estufa (f)	**serre** (f) **tropicale**	[sɛr trɔpikal]
gramado (m)	**gazon** (m)	[gazɔ̃]
canteiro (m) de flores	**parterre** (m) **de fleurs**	[partɛr də flœr]
planta (f)	**plante** (f)	[plɑ̃t]
grama (f)	**herbe** (f)	[ɛrb]
folha (f) de grama	**brin** (m) **d'herbe**	[brɛ̃ dɛrb]

folha (f)	feuille (f)	[fœj]
pétala (f)	pétale (m)	[petal]
talo (m)	tige (f)	[tiʒ]
tubérculo (m)	tubercule (m)	[tybɛrkyl]

| broto, rebento (m) | pousse (f) | [pus] |
| espinho (m) | épine (f) | [epin] |

florescer (vi)	fleurir (vi)	[flœrir]
murchar (vi)	se faner (vp)	[sə fane]
cheiro (m)	odeur (f)	[ɔdœr]
cortar (flores)	couper (vt)	[kupe]
colher (uma flor)	cueillir (vt)	[kœjir]

146. Cereais, grãos

grão (m)	grains (m pl)	[grɛ̃]
cereais (plantas)	céréales (f pl)	[sereal]
espiga (f)	épi (m)	[epi]

trigo (m)	blé (m)	[ble]
centeio (m)	seigle (m)	[sɛgl]
aveia (f)	avoine (f)	[avwan]
painço (m)	millet (m)	[mijɛ]
cevada (f)	orge (f)	[ɔrʒ]

milho (m)	maïs (m)	[mais]
arroz (m)	riz (m)	[ri]
trigo-sarraceno (m)	sarrasin (m)	[sarazɛ̃]

ervilha (f)	pois (m)	[pwa]
feijão (m) roxo	haricot (m)	[ariko]
soja (f)	soja (m)	[sɔʒa]
lentilha (f)	lentille (f)	[lɑ̃tij]

PAÍSES. NACIONALIDADES

147. Europa Ocidental

Europa (f)	**Europe** (f)	[ørɔp]
União (f) Europeia	**Union** (f) **européenne**	[ynjɔn ørɔpeɛn]
Áustria (f)	**Autriche** (f)	[otriʃ]
Grã-Bretanha (f)	**Grande-Bretagne** (f)	[grɑ̃dbrətaɲ]
Inglaterra (f)	**Angleterre** (f)	[ɑ̃glətɛr]
Bélgica (f)	**Belgique** (f)	[bɛʒik]
Alemanha (f)	**Allemagne** (f)	[almaɲ]
Países Baixos (m pl)	**Pays-Bas** (m)	[peiba]
Holanda (f)	**Hollande** (f)	[ɔlɑ̃d]
Grécia (f)	**Grèce** (f)	[grɛs]
Dinamarca (f)	**Danemark** (m)	[danmark]
Irlanda (f)	**Irlande** (f)	[irlɑ̃d]
Islândia (f)	**Islande** (f)	[islɑ̃d]
Espanha (f)	**Espagne** (f)	[ɛspaɲ]
Itália (f)	**Italie** (f)	[itali]
Chipre (m)	**Chypre** (m)	[ʃipr]
Malta (f)	**Malte** (f)	[malt]
Noruega (f)	**Norvège** (f)	[nɔrvɛʒ]
Portugal (m)	**Portugal** (m)	[pɔrtygal]
Finlândia (f)	**Finlande** (f)	[fɛ̃lɑ̃d]
França (f)	**France** (f)	[frɑ̃s]
Suécia (f)	**Suède** (f)	[sɥɛd]
Suíça (f)	**Suisse** (f)	[sɥis]
Escócia (f)	**Écosse** (f)	[ekɔs]
Vaticano (m)	**Vatican** (m)	[vatikɑ̃]
Liechtenstein (m)	**Liechtenstein** (m)	[liʃtɛnʃtajn]
Luxemburgo (m)	**Luxembourg** (m)	[lyksɑ̃bur]
Mônaco (m)	**Monaco** (m)	[mɔnako]

148. Europa Central e de Leste

Albânia (f)	**Albanie** (f)	[albani]
Bulgária (f)	**Bulgarie** (f)	[bylgari]
Hungria (f)	**Hongrie** (f)	[ɔ̃gri]
Letônia (f)	**Lettonie** (f)	[lɛtɔni]
Lituânia (f)	**Lituanie** (f)	[lituani]
Polônia (f)	**Pologne** (f)	[pɔlɔɲ]

Romênia (f)	Roumanie (f)	[rumani]
Sérvia (f)	Serbie (f)	[sɛrbi]
Eslováquia (f)	Slovaquie (f)	[slɔvaki]

Croácia (f)	Croatie (f)	[krɔasi]
República (f) Checa	République (f) Tchèque	[repyblik tʃɛk]
Estônia (f)	Estonie (f)	[ɛstɔni]

Bósnia e Herzegovina (f)	Bosnie (f)	[bɔsni]
Macedônia (f)	Macédoine (f)	[masedwan]
Eslovênia (f)	Slovénie (f)	[slɔveni]
Montenegro (m)	Monténégro (m)	[mõtenegro]

149. Países da ex-URSS

| Azerbaijão (m) | Azerbaïdjan (m) | [azɛrbajdʒã] |
| Armênia (f) | Arménie (f) | [armeni] |

Belarus	Biélorussie (f)	[bjelɔrysi]
Geórgia (f)	Géorgie (f)	[ʒeɔrʒi]
Cazaquistão (m)	Kazakhstan (m)	[kazakstã]
Quirguistão (m)	Kirghizistan (m)	[kirgizistã]
Moldávia (f)	Moldavie (f)	[mɔldavi]

| Rússia (f) | Russie (f) | [rysi] |
| Ucrânia (f) | Ukraine (f) | [ykrɛn] |

Tajiquistão (m)	Tadjikistan (m)	[tadʒikistã]
Turquemenistão (m)	Turkménistan (m)	[tyrkmenistã]
Uzbequistão (f)	Ouzbékistan (m)	[uzbekistã]

150. Asia

Ásia (f)	Asie (f)	[azi]
Vietnã (m)	Vietnam (m)	[vjɛtnam]
Índia (f)	Inde (f)	[ɛ̃d]
Israel (m)	Israël (m)	[israɛl]

China (f)	Chine (f)	[ʃin]
Líbano (m)	Liban (m)	[libã]
Mongólia (f)	Mongolie (f)	[mõgɔli]

| Malásia (f) | Malaisie (f) | [malɛzi] |
| Paquistão (m) | Pakistan (m) | [pakistã] |

Arábia (f) Saudita	Arabie (f) Saoudite	[arabi saudit]
Tailândia (f)	Thaïlande (f)	[tajlãd]
Taiwan (m)	Taïwan (m)	[tajwan]
Turquia (f)	Turquie (f)	[tyrki]
Japão (m)	Japon (m)	[ʒapõ]
Afeganistão (m)	Afghanistan (m)	[afganistã]
Bangladesh (m)	Bangladesh (m)	[bãgladɛʃ]

Indonésia (f)	**Indonésie** (f)	[ɛ̃dɔnezi]
Jordânia (f)	**Jordanie** (f)	[ʒɔrdani]
Iraque (m)	**Iraq** (m)	[irak]
Irã (m)	**Iran** (m)	[irɑ̃]
Camboja (f)	**Cambodge** (m)	[kɑ̃bɔdʒ]
Kuwait (m)	**Koweït** (m)	[kɔwɛjt]
Laos (m)	**Laos** (m)	[laos]
Birmânia (f)	**Myanmar** (m)	[mjanmar]
Nepal (m)	**Népal** (m)	[nepal]
Emirados Árabes Unidos	**Fédération** (f) **des Émirats Arabes Unis**	[federasjɔ̃ dezemira arabzyni]
Síria (f)	**Syrie** (f)	[siri]
Palestina (f)	**Palestine** (f)	[palɛstin]
Coreia (f) do Sul	**Corée** (f) **du Sud**	[kɔre dy syd]
Coreia (f) do Norte	**Corée** (f) **du Nord**	[kɔre dy nɔr]

151. América do Norte

Estados Unidos da América	**les États Unis**	[lezeta zyni]
Canadá (m)	**Canada** (m)	[kanada]
México (m)	**Mexique** (m)	[mɛksik]

152. América Central do Sul

Argentina (f)	**Argentine** (f)	[arʒɑ̃tin]
Brasil (m)	**Brésil** (m)	[brezil]
Colômbia (f)	**Colombie** (f)	[kɔlɔ̃bi]
Cuba (f)	**Cuba** (f)	[kyba]
Chile (m)	**Chili** (m)	[ʃili]
Bolívia (f)	**Bolivie** (f)	[bɔlivi]
Venezuela (f)	**Venezuela** (f)	[venezɥela]
Paraguai (m)	**Paraguay** (m)	[paragwɛ]
Peru (m)	**Pérou** (m)	[peru]
Suriname (m)	**Surinam** (m)	[syrinam]
Uruguai (m)	**Uruguay** (m)	[yrygwɛ]
Equador (m)	**Équateur** (m)	[ekwatœr]
Bahamas (f pl)	**Bahamas** (f pl)	[baamas]
Haiti (m)	**Haïti** (m)	[aiti]
República Dominicana	**République** (f) **Dominicaine**	[repyblik dɔminikɛn]
Panamá (m)	**Panamá** (m)	[panama]
Jamaica (f)	**Jamaïque** (f)	[ʒamaik]

153. Africa

Egito (m)	Égypte (f)	[eʒipt]
Marrocos	Maroc (m)	[marɔk]
Tunísia (f)	Tunisie (f)	[tynizi]
Gana (f)	Ghana (m)	[gana]
Zanzibar (m)	Zanzibar (m)	[zãzibar]
Quênia (f)	Kenya (m)	[kenja]
Líbia (f)	Libye (f)	[libi]
Madagascar (m)	Madagascar (f)	[madagaskar]
Namíbia (f)	Namibie (f)	[namibi]
Senegal (m)	Sénégal (m)	[senegal]
Tanzânia (f)	Tanzanie (f)	[tãzani]
África (f) do Sul	République (f) Sud-africaine	[repyblik sydafrikɛn]

154. Austrália. Oceania

Austrália (f)	Australie (f)	[ostrali]
Nova Zelândia (f)	Nouvelle Zélande (f)	[nuvɛl zelãd]
Tasmânia (f)	Tasmanie (f)	[tasmani]
Polinésia (f) Francesa	Polynésie (f) Française	[pɔlinezi frãsɛz]

155. Cidades

Amesterdã, Amsterdã	Amsterdam (f)	[amstɛrdam]
Ancara	Ankara (m)	[ãkara]
Atenas	Athènes (m)	[atɛn]
Bagdade	Bagdad (m)	[bagdad]
Bancoque	Bangkok (m)	[bãkɔk]
Barcelona	Barcelone (f)	[barsəlɔn]
Beirute	Beyrouth (m)	[berut]
Berlim	Berlin (m)	[bɛrlɛ̃]
Bonn	Bonn (f)	[bɔn]
Bordéus	Bordeaux (f)	[bɔrdo]
Bratislava	Bratislava (m)	[bratislava]
Bruxelas	Bruxelles (m)	[brysɛl]
Bucareste	Bucarest (m)	[bykarɛst]
Budapeste	Budapest (m)	[bydapɛst]
Cairo	Caire (m)	[kɛr]
Calcutá	Calcutta (f)	[kalkyta]
Chicago	Chicago (f)	[ʃikago]
Cidade do México	Mexico (f)	[mɛksiko]
Copenhague	Copenhague (f)	[kɔpənag]
Dar es Salaam	Dar es-Salaam (f)	[darɛssalam]
Deli	Delhi (f)	[deli]

Dubai	Dubaï (f)	[dybaj]
Dublim	Dublin (f)	[dyblɛ̃]
Düsseldorf	Düsseldorf (f)	[dysɛldɔrf]
Estocolmo	Stockholm (m)	[stɔkɔlm]

Florença	Florence (f)	[flɔrɑ̃s]
Frankfurt	Francfort (f)	[frɑ̃kfɔr]
Genebra	Genève (f)	[ʒənɛv]
Haia	Hague (f)	[ag]
Hamburgo	Hambourg (f)	[ɑ̃bur]

Hanói	Hanoi (f)	[anɔj]
Havana	Havane (f)	[avan]
Helsinque	Helsinki (f)	[ɛlsiŋki]
Hiroshima	Hiroshima (f)	[iroʃima]
Hong Kong	Hong Kong (m)	[ɔ̃gkɔ̃g]
Istambul	Istanbul (f)	[istɑ̃bul]

Jerusalém	Jérusalem (f)	[ʒeryzalɛm]
Kiev, Quieve	Kiev (f)	[kjɛf]
Kuala Lumpur	Kuala Lumpur (f)	[kwalalumpur]
Lion	Lyon (f)	[ljɔ̃]
Lisboa	Lisbonne (f)	[lizbɔn]

Londres	Londres (m)	[lɔ̃dr]
Los Angeles	Los Angeles (f)	[lɔsɑ̃dʒəlɛs]
Madrid	Madrid (f)	[madrid]
Marselha	Marseille (f)	[marsɛj]
Miami	Miami (f)	[miami]

Montreal	Montréal (f)	[mɔ̃real]
Moscou	Moscou (f)	[mɔsku]
Mumbai	Bombay (m)	[bɔ̃bɛ]
Munique	Munich (f)	[mynik]
Nairóbi	Nairobi (f)	[nɛrɔbi]
Nápoles	Naples (f)	[napl]

Nice	Nice (f)	[nis]
Nova York	New York (f)	[nujɔrk]
Oslo	Oslo (m)	[ɔslo]
Ottawa	Ottawa (m)	[ɔtawa]
Paris	Paris (m)	[pari]

Pequim	Pékin (m)	[pekɛ̃]
Praga	Prague (m)	[prag]
Rio de Janeiro	Rio de Janeiro (m)	[rijodədʒanɛro]
Roma	Rome (f)	[rɔm]
São Petersburgo	Saint-Pétersbourg (m)	[sɛ̃petɛrsbur]
Seul	Séoul (m)	[seul]

Singapura	Singapour (f)	[sɛ̃gapur]
Sydney	Sidney (m)	[sidnɛ]
Taipé	Taipei (m)	[tajbɛj]
Tóquio	Tokyo (m)	[tɔkjo]
Toronto	Toronto (m)	[tɔrɔ̃to]
Varsóvia	Varsovie (f)	[varsɔvi]

Veneza	**Venise** (f)	[vəniz]
Viena	**Vienne** (f)	[vjɛn]
Washington	**Washington** (f)	[waʃiŋtɔn]
Xangai	**Shanghai** (m)	[ʃɑ̃gaj]

www.ingramcontent.com/pod-product-compliance
Lightning Source LLC
LaVergne TN
LVHW051740080426
835511LV00018B/3161